知らないと損をする
男の礼儀作法

諏内えみ

JN073157

SB新書
547

はじめに

「オジサン」。大人の男性が呼ばれてうれしくない呼称ですね。女性の「オバサン」もしかり。その意味の根底には、社会の常識からはみ出し、なんらかの形で他人に迷惑をかけている中高年、というイメージがあるからでしょう。

本書は、日常でしばしばお見かけする、マナーやふるまいの常識を知らず、傍若無人に行動する「残念なオジサン」をただ集めたものではありません。読むだけで「一目置かれ尊敬される大人の男」に変身するためのちょっとしたコツとアドバイスをお伝えするヒント集です。「どう変えればいいのか？」とお迷いの男性にぜひお読みいただきたい指南書となります。

私のマナースクール「ライビウム」にはＩＴ、金融、不動産関連などの会社員の方、医療、法律、会計などの士師業の方、また、俳優、音楽家、政治家の方など、実にさまざまな職種の男性受講生さまに通っていただいておりますが、初回のレッスンでご自分の改善点を認識していただくだけで、見違えるように素敵なオジサマに変身していきます。

私のまわりの女性たちが口にするのが、「若い男性の方が礼儀正しいし、ちゃんとしてるわよねー」「ぶつかっても『すみません』ってすぐに言ってくれるのは学生の男の子や若いビジネスマンの方が圧倒的に多いわよ」「そこいくとオジサンはダメね。若い子たちのお手本になるべき立場なのに、本当に情けないわ」……といったオジサマ方には耳の痛い言葉ばかりなのです。

なぜオジサマ世代のマナーや評判がここまで低くなっているのでしょう。私のスクールの生徒さんをはじめ、多くの女性にリサーチしたところ、次のような理由が推測できました。

1. 考えが固まっていて、自分が正しいと信じて疑わない。
2. 敬語を使わない。正しい敬語を知らない。
3. マナー違反であっても年齢的、役職的に指摘してもらえない。
4. プライドが高く、謙虚という言葉を忘れている。
5. 人に見られている自覚がない。

つまり、器が小さい。

それゆえにご自身が
・社会意識の低さに気づかない。
・不快感を与えていることに気づかない。
・うっとうしく思われていることに気づかない。
・恥をかいていることに気づかない。
・笑われていることに気づかない。

そう、はだかの王様です！　ちょっとでもドキッとした方、本書はあなたのために書かせていただいたオジサマ改造のための一冊です。

また、マナーという面だけではありません。『情緒とロマン』という美学を持つオジサマが、昨今少ないように感じます。お若い男性たちには、そして、私たち女性には到底敵わない大人の男ならではの魅力で、ぜひ私たちからの羨望を取りもどしてくださいませ。

知らないと損をする男の礼儀作法　目次

はじめに　3

序章　デキル男に一瞬で変わる！　諏内マジック　19

第1章　エスコートのできないオジサマたち　39

食べ方はオジサマの生き方すべてを表す　40
断りやすいように誘って！　40
ドレスコードを伝える　41
アレルギーを確認する　42

席のランクはあなたの腕次第　43
節度のあるわがままも上客の印　44
喫煙席であろうが、気をぬかないで　45
後ろの通路も見てほしい　46
横柄な態度は逆効果　46
レストランで堂々とふるまえますか？　48
それ、テーブルに置いてはなりません！　54
ナプキンのマナーを覚えましょう　55
ここぞ！　と語るワイン蘊蓄オジサマ　59
どこまでするの？　テイスティング　60
ワイングラスの粋な持ち方とは　61
人にナイフを向けないで！　62
お行儀がいいと思い込んでいませんか？　63
「手はお膝」は小学校で卒業　64

マナーはひとつではありません　65
調味料はあとにして　66
長し！　スパゲティのスプーン歴　67
オジサマったら器用！　ライスの食べ方　68
ガッカリ！　パンに噛りつくオジサマ　69
日本男児だけの話ではありません　69
大の男がスイーツなんて？　70
大人の男は和室の作法を間違えてはならない　71
おしぼりでそこまで拭かないで！　72
渡し箸は下品です　73
寄せ箸はもっと下品です　74
割り箸、すり合わせないで　74
爪楊枝オジサンにゾッとする女子たち　75
オジサマが嫌われるのはその音のせい　76

お椀の蓋。オジサマあるあるのマナー違反　80
隠語を使いたがるオジサマ　82
スマート会計ができるオジサマは少ない　82
絶賛！　オジサマのこなれ所作　83

第2章

いまさら聞けない冠婚葬祭の常識　85

〈結婚式〉
グズグズしないで。招待状の返信　86
ひとこと書いてください　87
一体いくら包むのか？　88
新札を用意するのが大人　88
ご祝儀袋自体の金額も気にして　89
大人が袱紗を持っていないなんて……　90

何を着て行きますか？　91
テーブルのお仲間に挨拶を　92
スピーチは具体的エピソードを　93
結婚祝いのNGは？　94

〈贈答〉
どちらかを贈ればいいのではない！　95
上司に万年筆を贈ってしまった⁉　96
革のスリッパを贈ってしまった⁉　97
いただく側のマナーもわかっていないと　97
持参されたときのお礼　98
お返しはしていますか？　99
何を連想させたらNGかご存じ？　99

〈お見舞い〉
鉢植えだけじゃない。NGなお見舞い品　100
突然お見舞いに来ないで！　102
長居しないで！　103
〈葬儀〉
お通夜は普段着で駆けつけるべき？　103
不祝儀袋は薄墨で　104
受付での挨拶言葉　105
キリスト教式でNGな言葉　105
見様見真似で大丈夫　106
通夜ぶるまい、いただくのがマナー　107

第3章

第一印象、本当にそのままでいいですか？

第一印象、本当にそのままでいいですか？ 109
姿勢とは背筋だけではない 110
制約や制限が美しい所作を生む 112
ご存じ？　アンボタンマナー 113
見惚れてしまいます！　男の一瞬の所作 114
男の小物にセンスが表れる 115
相手にも失礼。100均ボールペン 116
ビジネスにリュックはいかがなものか 117
クラッチバッグに罪はないけれど 119
休日、バッグは持つ？ 120
やっぱり靴でしょ。男は 121
そして、腕時計でしょ 122

第4章

オジサマに欠けているのはやっぱり清潔感だった

自分の臭いに気づかない 126
その整髪料、いつから使ってる? 128
茶髪はイタイかも 129
見落とさないで! 眉毛 130
爪を見たのは何日前ですか? 131
歯は磨くだけじゃだめ 131
洗面所以外の鏡、見てますか? 132
出先での鏡チェックもマナーです 133
麺類好きなオジサマへ 135
オジサマのナマ脚なんて見たくない 136
ボタンの外し方にも品というものがあります 137
オジサマ、あなたは新人くんですか? 138

ポケットにそんな物入れないで！ 139
自分のイニシャルを発表するオジサマ 141
パンツのポケットでわかるオジサン度 143
侮るな「1・5センチ」シャツの袖 144
長すぎ、短すぎネクタイは悲しい 146
悩めるオジサマのビジネスウェア 148

第5章

勘違いコミュニケーションが切ないオジサマ

勘違いコミュニケーションが切ないオジサマ 151
必死に名刺を捜すオジサマ 152
ご存じ？　オジサマ特有の名刺交換の所作 153
挨拶は目線を合わせて 154
会話中に気をつけたいアイコンタクト術 155
では、一体どれくらいの割合で見ればいいの？ 156

心地よい話のスピード　156
そんな昔の武勇伝をドヤ顔で話されても……　157
そのお話。○回目なんですけど……　158
話を聞かない。相手にしゃべらせない　159
話に割り込まないで！　160
おやじギャグはいけないと知りつつ……　161
オジサマも進化して！　162
だって誰からも指摘されないし　163
『気づいたもん勝ち』　164
「今の若いもんは言葉遣いを知らない」の真偽　165
若者だけじゃない勘違い敬語　165
クッション言葉をご存じ？　170
それ、読みにくいですから　171
名前をそんなにずらすなんて　172

第6章 街で見かけるNGオジサマ 173
順番を守ること教わりませんでした? 174
異国の男性に拍手 175
ぶつかってくるのはやめて 176
反射神経の問題? 177
押さえてくれないドア 178
乗り物で自宅の振る舞い? 179
どうして女性側によりかかるのか 179
雨の日の迷惑オジサマ 180
マタニティマークは知ること、そして探すこと 181
まだやってます? 181
羞恥心を持ち合わせないオジサマ 182
オジサマの声はよく通る 182

若者をお手本にしてみません？　183
勘弁して、咳とくしゃみ　184
あくびも抑えめに　185
オトナの雑談力を持ちましょう　186
逆に話題がないオジサマ　189
守りましょう。NGな社交話題　190
熟年離婚!?　190

序章

デキル男に一瞬で変わる！諏内マジック

私のマナースクール「ライビウム」にはさまざまな年代、職業、役職、バックグラウンドの男性が日々訪れます。もちろん、おひとりお一人、お悩みやご希望は異なります。私には「できるだけその方の背景に寄り添い、最も適したレッスン内容でお導きしたい」という強い思いがありますので、設立当初から私のスクールは個別講座である『プライベートレッスン』が中心なのです。

初回のカウンセリングでは、「先生だから言ってしまいますが」「お恥ずかしいのですが……」と、普段はプライドを保つため話していないご不安やお悩み、そして、苦手意識やコンプレックス、劣等感をカミングアウトしてくれます。

そして、それは意外にもオジサマ世代が多いこと！

「マナー？　そんなもの……」と今まで作法や立ち居振る舞いを軽視して来られた方。

「年齢や役職が高くなると誰からも注意してもらえない」とご不安な方。

「マナー研修を受けたのは○十年前なので」とご心配な方。
「昭和の時代に良しとされてきたことがまったく通じない」と痛感、お悩みの方。
「今さら聞けないし……」とお困りの多くの男性！

そんな殿方たちの悩めるコンプレックスを解消し、自信をつけ、どんな場面でもスマートに、格好よく、品よく、粋に、堂々と振る舞え、話せるようになるのに時間はいりません！　ありがたいことに生徒さんたちが『諏内マジック』と言ってくださるが如く、レッスン初回で劇的な変化を目の当たりにできるのです。

先ずは、「即！　変わった」我がスクールの男性受講生さまたちの実例をご紹介してまいりましょう。

コミュニケーション力が低く、職場で浮いていた30代男性

とにかく人と話すのが苦手で、職場でも仕事上必要なこと以外はひと言の会話もなかったという30代後半の男性。コミュニケーションに対するコンプレックスが相当お強かったので、『朝イチの挨拶』『話題作りの3原則——天気、ニュース、趣味』を翌日から実践してもらいました。すると、周りの対応が明らかに友好的に。

昼休みには、斜め前の席の2つ上の先輩と、趣味である豆から挽くコーヒーの淹れ方についての話でグッと近づき、日曜日にはご一緒にこだわりのコーヒーショップへ行くほど打ち解けられたそう。「職場の居心地がよくなりました！」と笑顔でご報告いただきました。

ポジティブ思考になった彼は、ゴールデンウィークと有休を合わせ、セブ島への短期英会話留学に行かれるなど、自身の世界を広げグングン人生が変わっていかれました！

元Jリーガー、奥様との関係が劇的に改善！

関東地区の某Jリーグご出身のアラフォーの男性は、サッカーに見切りをつけ一大決心で起業なさいました。何事にもガムシャラに進むご性格なのでしょう。ビジネスは大成功をおさめ、都心の一等地に大きなオフィスを構える社長に！

元々は「サッカーだけやってきて何も知らないままここまで来てしまったので、ビジネスマナーを基本から覚えたい」ということでした。そんな中、あるレッスン時に「先生、最近妻の機嫌が悪くて関係があんまりよくないんですよ。僕が話をちゃんと聞かないのが不満らしいのですが」とご相談を受けました。「それじゃあ」とごくごく簡単なうなずき、相づち、共感など「聞く力」アップのコツをロールプレイング講習したところ、次に訪れたとき「先生、大成功でした！　妻の機嫌がいいこといいこと！」と、とても仲良くなれたという嬉しいご報告がありました。

さて、その次のレッスン時。「あの、また問題が……。妻が機嫌よく話し過ぎて困ってるんですよー」。これには「コツが利き過ぎましたね」とふたりで笑い合いました！

70戦70敗！　アラフィフ婚活男性の大ドンデン返し

「明日お見合いなんですが、その前に一度プロに習い、それでもダメだったらもう諦めようと……」と、婚活に疲れ果てた40代後半の男性は、『お見合い歴70戦70敗』という非常に残念な記録をお持ちでした。なんと、その全員と「〃2回目〃に繋がったことはない」とのこと！

翌日のラウンジでのお見合いに向けて、第一印象アップを重視した初対面の挨拶言葉と所作、メニューの勧め方やオーダーの仕方、印象に残る自己紹介、洋服や性格の褒め方、別れ際のキメぜりふなど、それぞれのポイントをお伝えし、その通りに実行してもらいましたところ、「誠実そう」と大変気に入られ、お見合史上初のデートに漕ぎつけることが！　3回目のデートでは彼女から「いつお嫁さんにしてくれるんですか？」と言われるほどに！

問題の多かった食べ方の作法を始め、会話力、ご両親様へのご挨拶もシミュレーションし、3か月後には入籍！　1年後には「娘が生まれました！」とご報告をいただきました。

実は、その彼女に決める前には、マッチング会社を通してほかにも3名の女性から「おつき合いしたい」という返事をもらうほど、いきなりのモテ期到来！（笑）、それぞれの女性とも何度かお会いしていましたが、その中から一番明るく、一番居心地がよく、そして一番お綺麗な彼女をお選びになったんですよ（お写真見せていただきました！）。

結論。「ライビウム」にいらした日から1回もフラれていない！　それどころか、お見合いした方全員からおつき合いを申し込まれたという、これまでに1度もなかった快挙だったのです。生徒さんからは「習うってすごいことだとわかりました」と素敵な言葉をいただきました。

職場でいじめに。見事逆転の50代男性

「部下にさえ馬鹿にされて」と下を向いたまま話し始めた男性は、人見知り、口下手、断れない、弱気、自信がない、自己肯定感がかなり低い……ありとあらゆるコンプレックスを感じている男性でした。でも、「よくぞ私のスクールへ来られる決心をしてくださいました」と私は拍手を贈りたい気持ちになりました。「○○さん、こちらに来られたのですから、もう既に第一歩を踏み出したんですよ！」とお伝えし、さっそくレッスン開始。

彼は見事に『自分が変われば相手も変わる』を実証してくれました！ 同僚の方がごく自然に、普通に接するようになったのは特に不思議なことではありません。なぜ同僚はからかいたくなるのか、けなしたくなるのか、無視するのか、いじめを行ってしまうのか。相手が100％悪くとも、やはりそれには理由がありました。それを検証するのが私の役目ですので、彼には、堂々と振る舞い、話すレッスンをしたまでです。

クライアントとの会食で恥をかき、受講を決心

それまで簡単な和食屋さんでの接待や会食ばかりだった60代の男性。部署の異動でクライアントも変わり、いきなり高級フランス料理店に接待されたそう。「ナイフとフォークの持ち方くらいしか知らず、非常に不安だったのでマナー本を買ったのですが」とのことでしたが、いざ畏まったレストランに着くと緊張が増し、また、どの順番で席に向かったら良いのか、という段階からわからないことだらけ。クライアントの方の食べ方を覗き見てからでないと手を付けられないほど不安だったそうです。

初めて目にした指を洗うためのフィンガーボウルも魚とソースをからめて食べやすくするためのフィッシュスプーンの使い方も分からないので一切手を付けず（笑）、お料理をこぼす、大きな音をたてる、パンをそのままかじるなど「数々の非礼にあとで気づきゾッとしました」とおっしゃっていました。

そんな生徒さんには、どこに出ても物怖じしないよう、私が考える『東京で最も畏まっ

たレストラン』でテーブルマナーレッスンを行いました。かなり緊張したご様子でしたが、後日、「もうどんなお店に行っても怖くなくなりました！」と頼もしい言葉をいただきましたよ。

自己PRをゼロからつくり、再就職に成功！

謙虚過ぎて自己アピールがまったくできない40代男性。再就職活動では面接だけでなく、職務経歴書の書き方でもかなり損をしていました。先ずは、これまでなさってきた経験や功績をインタビューし、アピールするべきことを精査し言葉を選んで経歴書を作成していきました。控えめな言葉ながらも強いアピールのものが完成し、第一関門は突破。

次なる面接に向けて、「何があろうとも、これだけは必ず言って帰って」と、これまでの功績についての6つのキーワードをお伝えしました。計3回の面接では、この6つを確実に話すことができ、最終の役員面接終了後には、「かなり手応えがありました！」とご報告がありました。翌日には見事採用決定となり、現在は役職も上がりさらなる活躍をされています。

元妻からの依頼！　「聞く力」がグンと上がったダンス講師

お申込みいただいたのは女性。実は、「傾聴力に問題がある」とお困りの40代男性の元奥様からでした！「ご本人がよろしければどうぞいらしてください」と申し上げ、お会いした40代社交ダンススクール講師の方は、なるほど、人の話を聞いているのかいないのかわからない、摑みどころのないまったく自由で不思議な方でした（笑）。

「今の○○さんのお返事は、スクールの生徒さんを不安にさせます」「ここでしっかりうなずきと相槌を入れてください。今の聞き方では、生徒さんに不信感を与えます。」と、会話のロールプレイング講習、そして、要所要所でアイコンタクトを取る練習もいたしました。

翌日、元奥様から「すごい変化です！　見違えるように人の話が聞けるようになって驚きました」と喜びのお電話をいただきました。元奥様とは職場がご一緒のようです！

第一印象アップ、イメチェンで東日本エリア売上げ1位に！

輸入車ディーラーでいらっしゃるアラフィフ男性は「どうにか接客のスキルアップをしたい」と私のスクールにいらっしゃいました。一応、何年か前に社員研修はあったようですが、第一印象、声のトーン、ほほえみ方、パンフレットの説明の仕方、顧客リストへご記入の誘導、さり気ないオプションの勧め方など、課題は満載でした。美容室を紹介し清潔感溢れるヘアスタイルに変更、誠実感ある着こなし、好感の持たれるお辞儀などをレッスン。眉もカットしました！

半年後、また別のレッスンをご希望でスクールにいらっしゃった彼は、なんと「東日本エリアの全店舗の中で売上げナンバーワンの成績になりました！」とのこと。生徒さんのお顔はもう自信に溢れていました。

海外勤務で恥ずかしくないようグローバルマナーを習得

初めての海外勤務を言い渡され、それまでのわずかな慌ただしい期間に受講いただきました。赴任先はシンガポール。アジアであっても彼の仕事柄、エグゼクティブクラスの方がクライアントになるとのことで、グローバルマナーに則ったふるまいや、エスコート、テーブルマナーを学びたいとのことでした。「これまでろくにレディファーストなどしていなかった」とおっしゃるように、ひとつ一つのアドバイスに「なるほど」と興味深げな表情で実践してくださいました。

シンガポールへ発たれる前にも奥様をエスコートなさって感激されたようです！

ヘッドハンティングされた超高級ブランド店で挫折

誰もが知る、知らない人はまずいない、イギリスの一流ブランドショップで、驚くべき売上げ世界一位の座を2年間獲得した30代イケメン男性。当然引く手あまた。ヘッドハンティングで、さらにみんなの憧れ、フランスの超ハイエンドブランドのブティックへ転職されました。これまで全くの自己流で接客して功績を残したわけですが、『超』が付く高級ブランドのお店では今までの荒営業的な独自の接客は通じませんでした。女性の上司からは毎日厳しい言葉で叱咤され、井の中の蛙だったことを実感。人生初の屈辱に落ち込まれ、とうとうクリニックに通い薬を服用するまでに。

やはり基礎知識がないと、どこの世界でも通じるという訳にはいかないものでしょう。心を入れ替え、初心に戻り、それこそゼロから接遇マナーを学んでもらいました。今のブティックでも世界一に返り咲ける日は近し！　です。

あか抜けなかった男性が、婚活パーティで一番人気に！

30代後半の彼は、「仕事上でデキル男としてふるまいたい」というご希望でコースレッスンにいらっしゃいました。少々あか抜けないイメージだったので、髪形など視覚的な印象アップを目指すと共に、発声や言い回し、プレゼンなどをレッスンすると、本当にあか抜け、スマート男性に！　自信がついたのでしょう。「先生、明日初めて婚活パーティというものに参加するんです」と照れながらおっしゃいました。後日その成果をお聞きしたところ、すごいことに！

50対50のパーティで、なんと彼が一番人気となり、数名の女性からお申込みが！　家へ帰られてからも、追加のお申込みも届いたようで本人も驚いていました。

そんな彼が選んだのは「佇まいが本当にステキだった」という外資系航空会社のＣＡの女性。すぐにおつき合いが始まり、「ビジネスのレッスンでなく、先にテーブルマナーとエスコートのほうをお願いします！」と急きょご希望レッスンを変更されましたよ。

夫婦での地中海クルージングを前に

夏休みを使って「妻とクルージングへ行くので、恥をかかないように社交マナーを教わりたい」と訪れた50代男性。ＮＧな社交会話や、上質な会話術、テーブルマナー、レディファーストなどをレッスンされ、自信を持って乗船。奥様と共に世界各国の方と優雅な時間を過ごせた様子で、帰国後も連絡を取り合っているとのこと。

「これまで考えてもいなかったグローバルなマナーを知ることにより、どんな場所でも堂々と振る舞えるって素晴らしいことですね」とのご感想をいただきました。

また、士師業を始めとする「先生」と呼ばれる職業の男性や、「部長」「専務」「常務」「社長」「会長」と呼ばれる高い役職の男性、ほかにも、世の中から「エリート」と呼ばれる男性方も同じように、もしかしたらそれ以上にお悩みがあることを、私は強く感じています。立場上、品格ある立ち居振る舞い、高い会話力、スピーチ力、社交力を求められ、いつどこででも注目されます。

そんな方々のエピソードもご紹介いたしますね。

上場を前に立ち居振る舞いに不安が

経営なさる会社の上場が決まり、新しい取引先との会食や、専門紙や雑誌、テレビなどのメディア出演やインタビュー、会見などが予定されているため、『エグゼクティブとしての上質なマナーや振る舞い、話し方、スピーチ、テーブルマナー』を受けられた50代男性。「名刺交換すらこれまでちゃんと習ったことがなかったので助かりました」「知らなかったら恥をかくところでした」とおっしゃってくださいました。

今では、その品ある堂々とした姿を、私も時折メディアで拝見しております！

他の世界じゃ通用しないことに気づいた整形外科医

「誰も注意してくれる人がいないんです」「自分のマナーや敬語が正しいのか間違っているのか分からなくて」。これは一般の会社勤めではない職業の方が持つ、あるあるのご不安です。特に仕事を始めてすぐに「先生」と呼ばれる方の大きな弊害かと私は感じています。

「とにかく全て教えてほしい」とスクールにいらした整形外科クリニックの院長である生徒さんには、立ち居振る舞いの基本中の基本である姿勢からレッスン。立ち姿勢〜ウォーキングまで拝見し、「あら、左肩が下がってますね」と指摘すると、「え、言われたの初めてです。全然気が付きませんでした！」という灯台下暗しぶり（笑）。

「まともなお辞儀なんてしたこともない」「名刺は財布に入れてます」「敬語もほとんど使わないので、イザというとき相当不安です」ということで、それこそ新人研修の如く、一からマナーを学んでいただきました！

部下が見かねて申込み。スピーチが下手過ぎる上場企業社長

ある日、金融関連の上場企業の総務部長から「弊社社長のスピーチを見ていただけないでしょうか」とご連絡が入りました。大切な決算説明会を前に、社長のハッキリしない、ボリュームも小さい声を、そしてメリハリのないスピーチをどうしても改善してほしい、とのこと。その後は株主総会も控えているということで、かなり切羽詰まったご様子でした。お忙しい方でしたので、私が先方の会社へ伺い、会議室にて数日間の集中トレーニングをお受けいただきました。

会議室では総務の方や専務など役員の方々もご心配そうに見守られていたのですが……。さすがに「これではご本人もやりにくいでしょう」と、みなさまに席を外していただき、正真正銘マンツーマンで発声練習から堂々としたお辞儀、目線の配り方、間の空け方などなどレッスン。本当に素直にすんなりと私のアドバイスに応じてくださいました。

後日、総務の方から本番の動画が届き拝見しましたところ、各段に進化されており、『質問者の指し方』までも練習通りになさっていらっしゃる映像に、安心、そして感激いたしました。

本書を手にされたそんなオジサマ世代の方に、「読むだけですぐに変われる」「秒で変われる」『諏内メソッド』をお届けいたします。

第1章

エスコートのできないオジサマたち

食べ方はオジサマの生き方すべてを表す

本書をお読みくださっている殿方。まず今日から見直したいのは食べ方です！

食事の所作、ふるまい、食べ方というものは、その方の「品」、「育ち」、「心づかい」、「自制心」、「生き方」、「美学」などすべてを表します！　それなのに、ほとんど何も意識せず、考えもせず、毎日3食召し上がってきたオジサマばかりではないでしょうか？

断りやすいように誘って！

「お、○○君、今日飲みに行くぞ！」なんて昭和的な言葉を部下に掛けていませんか？

断りにくい誘い方ではなく、断りやすい言葉を選ぶのも上司、ボスとしての器でしょう。オジサマ本人だって、部下にいやいや付いて来られるのは、プライド的に好ましくないはずです。

一方的に日程を決めないでくださいね。特に当日のお誘いは、断られるのを前提にお声がけを。「飲みに行きたくなったらいつでも言ってくれ」など、部下を誘うときは、相手が無理なく断れる言葉を選ぶことが、あなたの器の大きさを感じさせ、好感度を上げます。

ドレスコードを伝える

接待するときや、部下や友人を誘う際、ドレスコードがあるレストランに行くのであれば相手に必ずその旨を伝えておくのがマナーです。エントランスでお断りされることほど情けないことはありませんものね。「そんな恰好で来るなよー」と相手を責めるより、お誘いしたあなたの心配りがなかったことを反省しなければなりません。

ジャケット着用なのか、襟付きのシャツが必要なのか、ドレスコードとは、ご自身も同伴者の方も、そしてまわりのすべての方が心地よく過ごすための社交のルールなのです。予約時のお電話や、お店のホームページなどで確認し、お伝えしてくださいね。

アレルギーを確認する

お誘いしたら、「アレルギーや苦手な食材はありますか?」といった確認も重要なマナーとなります。当日お伝えしても大丈夫なお店もございますが、前もって知らせておいた方が安心というものです。当日気がねなく召し上がっていただくためにも。デキるビジネスマンとして、スマートな男性として、食事のお誘いには必要な準備です。

席のランクはあなたの腕次第

ダイニングの入口すぐの落ち着かない通路の横や、厨房の出入り口近くでサービスマンがひっきりなしに行き来する場所、お化粧室のすぐ近くなどの席に通されるとガッカリしますね。これは、接待をする側、つまり予約をしたあなたの力不足ということが露呈するようなものです。

たとえ常連でなくても「大切な接待に利用したいので」などとできるだけ交渉なさり、相手の方に「○○さん、さすがです！」「こんないい席を取ってくださってありがとうございます」と、心地よく過ごしてもらいたいものです。最高の席を確保する、あなたの腕の見せどころ、です！

節度のあるわがままも上客の印

コースのお料理を部分的にチェンジしてもらう。ソースの種類を変えてもらう。予算に合った最良のお料理を提案してもらう。予算内で最良のワインを用意してもらう。記念日のお祝い用にデザートプレートを用意してもらう。ホールケーキとキャンドルを用意してもらう。「Happy Birthday」を歌ってもらう、もしくは、歌だけは勘弁してもらう（笑）。前もって花束や贈り物を預かってもらい、ケーキと一緒に運んでもらう、または、花束をオーダーしてもらっておく……など、ちょっとしたわがままやお願いごとはどんどんなさった方が、レストランという特別な時間をより楽しめるはず。まずはご相談、というスタンスでお聞きしてみましょう。

無理難題であったとしても、いいレストラン、ランクの高いお店ほど、そして、腕のいいサービススタッフほどプロ意識をくすぐられ、ゲストの希望をできるだけ叶えようと精一杯頑張ってくれることでしょう！

喫煙席であろうが、気をぬかないで

大人の男はまわりの気配をキャッチする想像力も問われます。たとえば喫煙が許されている飲食店であっても安心しきってはなりません。隣席に煙草の煙が苦手な方が座っているかもしれません。煙草を吸われる時は、自分の煙の行方、空調による空気の流れも考えられるのがモテるオジサマなのです。

後ろの通路も見てほしい

椅子を大きく引いた状態で座り、通る人やサービスの邪魔をしていることに気づかないオジサマもいます。自分のことしか考えられない態度やふるまいは、想像力の欠如を自ら証明しているようなもの。自分が居る位置を俯瞰的に意識し、周囲への気遣いも忘れないでほしいものです。

横柄な態度は逆効果

威厳を示したい？　今どき「お客様は神様」だと思い込んでいる？　それともストレスの発散？　飲食店の従業員に対して威張り散らすオジサマ、時折見かけませんか。お店側の低姿勢につけこんだ横柄な態度は、まわりで食事をしている人たちの楽しい空気感も壊すことになり、本当に最悪です。

若い従業員のサービスが気に入らないと、「この店は従業員教育がなってない！」など、しつこく説教をするオジサマがいたり、モンスター化して怒鳴り散らしたりするケースもあるようです。

たとえ従業員の方に何かミスがあったとしても、大人対大人として、最低限の丁寧語を使い、それこそ「大人の男の器」を見せていただきたい場面です。ウィットに富んだセリフなんかもおっしゃってくださったら……。惚れられてしまうかも、ですよ！

レストランで堂々とふるまえますか？

それ、持って入ります!?

コートはクロークに預けたとしても、サイズの大きい荷物、ブリーフケースなどをダイニングの席へ持って行ってはいませんか？　もしそこが畏まったランクの高いレストランでしたら、お店に相応しいふるまいとはとても言えません。キャリーバッグだったらなおさらです！　大きな荷物は必ずクロークへ預けてからお席へ。

非日常の空間を楽しむレストランという場所で、オジサマご自身もそのお店のインテリアの一部ということを意識なさってください。ほかのゲストの目に入っても違和感ない、優雅な雰囲気を損なわないスタイルで向かうことがマナーなのです。

え、そこを歩きますか⁉

席まで誘導してくださるお店でしたら、あなたはどの位置で歩いているでしょう？　もしあなたが接待なさる側でしたら、スタッフの後ろはご招待した相手で、ご自分はその後ろを歩きます。女性をお連れするときも同様です。

それほど堅苦しくないレストランで、「お好きな席にどうぞ」と言われた場合は、先ほどとは逆。招待したあなたが先に歩き、お取引先や女性を案内・誘導するのがマナーとなります。

そんな座り方やめて

中年以降のオジサマで実に多いお食事時のＮＧがあります。それはテーブルからかなり離れて座ってしまうこと！　しかも椅子の背に寄り掛かっていることが多いので、身体とテーブルの距離がますます空いてしまいます。私がみなさまにおすすめしている理想の間隔は、握りこぶし２つ分。椅子を引いてもらったら、１回でピタッと適切な位置に座れるよう、練習なさってみてください。

テーブル下の足がだらしない

レストランではテーブルから下が見えないと思い込んではいないですか？　だらしなく投げ出した足や、椅子の下にギュッと入れ込んだ足、足首を交差した格好悪い足の所作は、確かに向かいに座った同席の方には、テーブルクロスをのぞき込まない限り、目にされないかもしれません。しかし残念ながら、横のゲストの方やサービススタッフからは丸見えだったりすることが多いのです。オジサマのこの行為が、ご一緒に居る同席者の方のランクまでもを落としてしまうことに。

ここで靴を脱がないで

食事中、靴を脱いでいようものなら最悪です。レストランにはいろいろな方が愉しむためにいらっしゃいます。デート、お祝い、記念日の方もいるでしょう。こんな礼儀知らずのオジサマのせいで、まわりの方々がひどく不快になり、せっかくのお食事タイムがそれこそ気まずい、いやな思い出に変わってしまうのです。

メニューを前にあなたの器がわかる

メニューを開き、3種類ほどのコース料理があった場合、中間の価格帯のものを選ぶ方が圧倒的に多いのではないでしょうか？　もちろんおなかのすき具合、お料理の好みでチョイスも変わってきますが。そのお店で一番お安いコースは、なんとなく気が引けるというか肩身が狭いというか、情けないというか……。

そうなんです。数あるメニューの中から最もリーズナブルなコースをお願いすると、なんとなく堂々とふるまえない気分になってしまうのです。ご自身が気にされなければまったく構わないのですが、では、これが接待の際や部下を連れてごちそうするシーンでしたらいかがなものでしょう？

部下からの評価は最悪

部下とメニューを眺めているときに最悪なのが、「僕はこれにするかな」と一番お安いコースを先に選んでしまうオジサマ！　ごちそうになる前提で来ている部下は、「あ、じゃあ僕はこちらに……」とそれよりお高いコースをチョイスできるでしょうか？　上司として、できれば最もいいコースを選んでほしいものです。部下や女性が余計な気を使わずに注文しやすいよう配慮するのも、憧れの上司、デキる男の条件。ごちそうする相手の方が本当に食べたいものを注文できているか、我が行動を振り返ってみてください。

これぞ器の大きな男

ご自身が食べたいお料理が、メニューの中でお安いコースであったり、また、おなかのすき具合でボリュームの少ないコースにしたい場合はどうすればよいでしょうか？　まずは、「これ、おいしそうだから、君このコースにしたら？」「この店はねえ、これがおすすめだよ」など、真ん中よりお高いコースにご誘導なさってあげてください。「ではお言葉に甘えて」など相手が決めたあとで、「僕は○○が食べたいから、こっちにしようかな」

とそれより少ないコースやお安いお料理を頼むのが気配りかと思います。せっかくお連れした相手の方が食べたいものを気兼ねなく注文できるようサジェストしてあげられるのが、上司たるものでございます。

レストラン選び。見栄と器の考え方

部下や取引先を招待する場合のレストラン選びに関してもちょっと見栄を張りたいですよね。ただし、連れて行かれたお店の最低価格のコースを選ぶくらいなら……それよりひとつランクを落としたお店になさって、その中でお高めのお料理を選んだ方が、ずっとあなたの格が上がるのではないでしょうか⁉

それ、テーブルに置いてはなりません！

1 ― 携帯電話

食事中に携帯を見る、また、お料理の写真や乾杯のシーンを撮るという行為は、今やオジサマ方にも珍しくなくなっています。その携帯をテーブルに置いている方の多いこと！特にランクの高いレストランでは、テーブルに私物を置かないのが鉄則です。携帯は見たらしまう。写真を撮ったらしまう。もちろん、サイズ的にタブレットはもっての外！

2 ― マスク

マスクを着用なさってレストランのお席に着いたときは、飲み物や食事が運ばれてきたタイミングで外すかと思いますが、さてそのとき、マスクをテーブルの上に置いてしまってはいませんか⁉ これは本当に無神経な行為。他人が外したマスクなんて見たくないですよね。しかも、お食事中ならなおさら！　今までつけていたマスクはポケットやバッグへしまってください。ちょっといいレストランなどでは、マスク入れを用意してくれているところもあります。その際はまずはそちらに入れ、できることなら、テーブル上ではなく、それをさらにポケットかバッグに入れるのがおすすめです。

3―ナプキン

これは、お食事中に中座なさる際のお話です。急ぎの電話などで席を立つとき、膝の上のナプキンをサッとテーブルに置いてしまっていませんか？　同席の方は食事中です。あなたが口元を拭いたナプキンなど、目にしたくありません。中座の際は、ナプキンは軽くたたんでご自身の椅子の座面に置いて行きましょう。

ナプキンのマナーを覚えましょう

1―取り上げるタイミング

テーブルにセットされたナプキンを取るタイミングについては、テーブルマナー講座のときに、生徒さんからもよく質問を受けます。「必ずこのときに」といった限定のタイミングはないのですが、私の考え方としては……

・オーダーが済んで一息ついた頃
・アペリティフ（食前酒）が運ばれてきた辺り
・もしくは、乾杯などアペリティフをひと口飲んだら
・または、お料理がサービスされる前

などになります。

では、ナプキンを広げるNGタイミングとは？　席に着いた途端に膝に広げてしまうこと。「おなかペコペコだよー。早く出してくれー」という印象となり、大人の余裕を感じさせることができません。

2―NGな掛け方

さて、テーブルマナー講座では、ナプキンの掛け方についても必ずご質問をいただきます。こちらもキッチリした決まりはないのですが、二つ折りにして掛けるのが一般的でございます。では、続いてNGをお伝えしておきましょう。胸から下げるのは申し上げるまでもありませんが、オジサマがよくなさるベルトに挟むというお姿は決してスマートではありません。どことなく幼気で哀愁も漂う……。その光景を目にした私たちをそのような気持ちにさせてしまうでしょう。

3─飾りじゃないのよナプキンは

お食事が終わるまでテーブルの上に置きっぱなしの方もしばしばお見かけします。ご用意いただいたナプキンはぜひお使いになってください。

また、ナプキンを取り上げ、膝に掛けられたとしても、使いこなせていない方はけっこうな数いらっしゃいます。「広げてからごちそうさままで1度も使わなかった」という方も多いのでは？

4―油が浮いたワイン

召し上がっているお料理の油分は多かれ少なかれ口元に付いてしまいます。これをナプキンで拭わずにワインなどドリンクを飲まれると、飲み物に油分が浮き、見た目もよろしくないし、風味も落ちてしまうでしょう。ひと口飲むごとに……、とまで神経質になる必要はありませんが、適宜口元を押さえながらスマートに飲みたいものです。

5―それでも気づかないオジサマ

ナプキンを使い慣れていないオジサマは、一旦膝に掛けたもののまったく使う気がないので、床に落としてしまっても、気づかずに、ご自分の靴で踏んでいたりと、傍からはだらしがなく見えてしまっています。会計が済んで席を立つまで、いえ、立ち上がってもまだ気づかずにいます。歩き始めた際にナプキンを踏んでしまって初めて「あ！」と気づく。そんな光景、見たことありますよね。これは大変格好悪い。「あのオジサマ、ナプキン使いこなせないのね」という低評価となってしまうのです。

6 ― 自分で拾いますか?

では、着席中にもしナプキンを床に落としてしまったら?「うっ、よいしょ」と手を思い切り伸ばして苦しそうに拾っているオジサマの所作は、決して美しいものではありません。特に、エレガントな内装の格式あるレストランで、そんな姿は雰囲気を見事に壊しますので、ご自身で拾うことのないようお願いしますね。必ずサービススタッフにその旨を伝えて、新しいナプキンに交換していただいてください。

もちろん、フォークやナイフなどカトラリーを落とした際も同様です。

ここぞ! と語るワイン蘊蓄オジサマ

ワインやお酒は教養として知っておきたいこともあります。おいしいワインを女性や部下にすすめられる男性は素敵です。ただし、同席の方がウンザリするほど長すぎる蘊蓄話であったり、さらには、まるでソムリエと争うかのようにプロのご説明に対して、「ああ、○○ね」「うん、そうだね。確かに○○だよね」などのやり取りは見ていてイタイものがございます。それが知ったかぶりでしたらなおさらです。

こんなご自身を制御できないオジサマは本当に残念。『スマートで粋な男』としての止めドコロ、抑えドコロを大切になさってくださいね。

どこまでするの？ テイスティング

グラスに少し注がれたテイスティング用のワイン。慣れていない方はちょっと緊張する瞬間かもしれません。逆にワイン好きにとっては「待ってました！」と蘊蓄を挟みながら格好よくこなしたいウェルカムな場面なのでしょう。

テイスティングとは単なる儀式であり、ソムリエがいるレストランでは、品質などすべて確認してからサービスされますので、必要以上に長々と香りを嗅いだり、色を眺めたり細かくチェックされていると、同席の方、特に女性には引かれます（笑）。ひと口飲んで、カビ臭さや沈殿物など気にならなければ「はい、お願いします」や、「ん、おいしいですね」程度が一番女性受けがいいようですよ。

ワイングラスの粋な持ち方とは

まわりを見回すと、指先でステム部分（脚の部分）を摘んで持っている方がほとんどですね。白ワインやシャンパンが温まらないように？　ボウル部分に指紋が付かないように？　こちらを持つ方がツウっぽいから？　ソムリエみたいだから（笑）？　テーブルマナーレッスンでは私も「先生、ワイングラスはここを持つのがマナーですよね？」とよく尋ねられますが、特にどちらを持たなければいけないというマナーはないのです。

日本ではステムを持つほうが一般的とされていますが、各国の首脳や皇族、王族の方々の晩餐会での映像などでは、むしろボウル部分をお持ちの方が圧倒的に多く見受けられます。国際的には、ボウルを持つことが主流です。パーティなどでは、日本人が多いようならステムを、外国人が多いようならボウルを持つといったように、まわりの様子を見て持ち方を決めるのもおすすめです。

人にナイフを向けないで！

男性のテーブルマナーレッスンをしていて、とても気になるのがナイフの置き方。特に刃の向きです。また、男性女性ご一緒のテーブルマナー講座を開催しましても、毎回、40％ほどの確率でこのナイフの刃の向きのマナー違反が見られます！

切れる刃のサイドは、必ず自分側に向けて置くのが礼儀です。特にヨーロッパなどでは、同席の方に大変失礼な行為として嫌われ、不快にさせてしまいますので何卒ご注意を。

お行儀がいいと思い込んでいません？

洋食のレストランで食事が運ばれる前や食事中、そして次のお皿が来る間、あなたの手は主にどこにありますでしょうか？　私のスクール主催のテーブルマナー講座で観察しておりますと、80％の受講生さまがお行儀よく両手を腿の上に置き、いわゆる「気をつけ」スタイルでいらっしゃいます。講座が始まってから30分後までにおいては、実にほぼ100％！　さて、この「よいお行儀」は、テーブルマナー的にはどう判断されるのでしょうか。男性に、特にオジサマ世代には改めていただきたいと思う理由は……。

主にヨーロッパのテーブルマナーでは、みなさまがなさっているこの「よいお行儀」は

NGとされています。それは、「テーブルの下に武器を隠し持っていません」という証のため。友好関係のアピールの名残です。つまり、両手をテーブルの上に出しておくことがマナーとされているからです。和食ではないお食事場面では、ぜひ気にしていただきたい礼儀となります。

「手はお膝」は小学校で卒業

幼稚園、小学校と私たちが常に言われ躾られてきたのが「手はお膝」というお行儀ですね。大の大人になったオジサマ方でも本当に両膝に両掌をのせている方がいらっしゃるのです。これはちょっと情けないイメージを与えてしまいます。ねこ背にもなりがちです。いまだにこの習慣を継続している方は、もうそろそろ卒業しても大丈夫なお年です。

マナーはひとつではありません

お食事中に利き手と逆の手は下ろしておくのがマナーとする国もあります。このように、国や地域であったり、お料理のジャンルを始め、訪れたレストランのランク、ほかのゲストの方々の雰囲気、同席の方がどのような方なのか……などによって、自身がそこでどうなさるのがその場に最も適しているかを察知しふるまえることがマナーであり、『大人のいい男』と言えるでしょう。

マナーをひとつ知っているからといって、それに執着、こだわり過ぎず、場に合わせてしなやかに軽やかにふるまっていきたいものです。

調味料はあとにして

お料理が運ばれたら、ひと口も食べないうちにお醤油、塩、胡椒などの調味料を無意識にかけてはいませんか？「テーブルにあったから」ではなくて、まずは出されたお料理をひと口召し上がってみていただきたいものです。料理人がプライドを持って作ったものに対して、味も見ていないうちに調味料を足してしまうことの無礼さに気づきましょう。

学生の頃、ラーメン屋さんで「へい、おまち！」とカウンターに置かれたラーメンを食べる前に何の気なしに胡椒をかけたら、「ラーメン屋のおやじにすごく怒られた！」という話を聞いたことがありました。お料理の価格帯にかかわらず、作り手の方へのリスペクトの気持ちを持ってまずは何も足さずにいただいてみましょう。また、本当に調味料が必要なのか？　ただ癖でかけているのではないか？　改めてご自分に問いかけてみてください。

長し！　スパゲティのスプーン歴

何十年も前。昭和の時代。「イタリア人はスパゲティを食べるときフォークだけでなく、スプーンも使うらしい」という情報が広がり、レストラン、特にホテルなど比較的高級と言われるお店を中心に、スプーンも一緒にサービスされ始めるようになりました。

スマートなオジサマでしたらもうとっくにお気づきのことでしょう。絶対的な間違いではないのですが、実はスプーンを使うことは好ましくありません。イタリアでは確かにロングパスタにはスプーンも使っています。しかし、それは小さな子どもだけ！　そう、まだまだフォークにうまく巻くことができない幼児です。オジサマ、あなたはロングパスタにいまだにスプーンをお使いでしょうか？

オジサマったら器用！　ライスの食べ方

ライスをフォークの背にのせて食べるのもちょっとおかしな昭和のジャパニーズマナーでしょう。よくもまあ、あのような食べにくいやり方を無理やり、そして器用にしているものだと感心してしまいます。そして、いまだになさっている方を見ると、なんだか幼気でもあり、その姿はなんとも物悲しさを誘います……。

ライスはフォークの背ではなく、その逆、腹側にのせてごく普通に召し上がる方が圧倒的に食べやすいはず。そもそも、「パンにしますか？　ライスにしますか？」と選択をゆだねられ、平らなお皿に白いご飯を平たくのせて出される、なんていうのはファミレスか定食屋さん、昔ながらの洋食屋さんでしょう。正統派フランス料理やイタリア料理店ではありえませんので、ライスの食べ方マナーについてはそれほど気になさる必要はないですね。

ガッカリ！　パンに噛りつくオジサマ

フレンチレストランでパン皿にサービスされたパン丸ごとにバターを塗り広げ、噛み切って召し上がる……。そこは上品なゲストの方々がエレガントにお食事を愉しむ場所でございます。おうちの朝ごはんで食べるトーストではありませんよ。ひと口大にちぎってから、バターをつけ、決して噛み切らずに召し上がってくださいませ。

日本男児だけの話ではありません

レストランでは、パンは必ずひと口大にちぎってから口へ運ぶのがマナー。私がレッスンでもプライベートでも利用させていただいている、かなり畏まったフレンチレストランで大変ショッキングな光景を目にしました。それはそれは、とてもスマートなジェントルマンとお見受けした欧米の男性。商談かと思われ、店内でもよい場所に位置するお席でディナーを召し上がっていらっしゃいました。何気なくその男性に目を向けた瞬間、私は二度見してしまったのです！　キノコ形に焼かれたパン、シャンピニオンに丸ごと噛りついていらしたんです。しかも背中を丸めて！

本書をお読みくださっている紳士のみなさまには決してなさらないでいただきたい、とても悲しい所作でございました。

大の男がスイーツなんて？

別にスイーツビュッフェに行ってくださいと言っているわけではありません。カフェでコーヒーと一緒にケーキも頼んでくださいと言っているわけでもございません。女性と一緒にランチやディナーを召し上がったあとのデザートタイムには、ちょっと気づかってほしいのです。特に、デザートワゴンが運ばれてきたときなど、女性は「あれと、これと……」と何種類かを選ぶのが幸せなお時間。それなのに、「僕はエスプレッソだけ」となると、女性はひとりでスイーツを召し上がることになり、少々楽しくないというか、つまらないというか、「一緒に楽しんでほしいのに」と思ってしまうのです。

甘いものが苦手であっても、サッパリしたシャーベットやフルーツなどをオーダーなさっていただき、女性が気兼ねなく数種類のスイーツをゆっくりと味わえる時間を作ってあげるのが、ちょっとした優しさであり大人の余裕ある男性なのではないでしょうか。

大人の男は和室の作法を間違えてはならない

大人ですもの。和室の席次くらい当然心得ていらっしゃるはずと思っておりましたが、オジサマの中には、西洋のレディファーストと和室の作法を混同なさっていて、大変残念な方もいるようです。

和室ではレディファーストの概念はありません。ですから、ここぞ！　とばかりに「どうぞどうぞ」と女性へ床の間側の座布団をすすめてはなりません。上座である床の間に近い席は、男性や目上の方が座るべき場所。そんな所に座らされてしまったら、女性が恥ずかしい思いをしますよ。

おしぼりでそこまで拭かないで！

ずいぶん以前から、そして、いつもいつも非難されていることなのに、どうしてオジサマたちはおしぼりで腕や顔や首まわりまで拭いてしまうのでしょうか？　日本独特の心づかい、おもてなしであるおしぼりを、そんなふうに使って気が引けないのでしょうか？

もしお見合いやデートだったら、1回でアウト！　間違いなく2回目には繋がらないでしょう。少なくとも、女性の前では我慢しましょう（笑）。

渡し箸は下品です

器の縁二ヶ所に渡ってお箸をのせて置いてしまうのが『渡し箸』です。お箸のNGマナー代表でもありますね。それなのに、あらゆる場面でお見掛けします。特に男性には頻繁に見られるマナー違反となっています。私は、定食屋さんやラーメン店、牛丼店、また居酒屋さんなど、カジュアルで庶民派なお店ではさほど気になさることはないかと考えています。しかし、会席料理や割烹、料亭、寿司店などで、お箸置きがご用意されているにもかかわらず、渡し箸をなさってしまうようでは困ります。

「ああ、このオジサマのお宅では、食卓にお箸置きが用意されないのね」。もしくは、

「せっかく置かれていてもそんな物は無視し、いつもこんなふうに渡し箸をしてしまっているんだわ」と、普段の家でのガッカリ姿までもをご披露してしまっているようです。

寄せ箸はもっと下品です

深めの器などの内側にお箸の先を引っ掛けて、自分の方に引き寄せる行為が『寄せ箸』。非常に下品に見えるマナー違反です。たとえ面倒だと思っても、器を移動させる際は必ず手で行ってくださいね。こういったひと手間を省かず自然になさっているオジサマこそ、私たちの憧れ、尊敬する男性なのです。

割り箸、すり合わせないで

ひと昔前に比べ品質の悪い割り箸は少なくなっている印象ではありますが、割った際にできたささくれの部分、あなたはどうしていますでしょうか？　オジサンの定番所作である、お箸同士をすり合わせて削っていらっしゃるのでは？　こちらの所作も嫌い箸である『渡し箸』と同じように、ラーメン店や牛丼屋さん、定食屋さんなどにおいてはさほど違和感がないかもしれませんね。でもやはり上品なオジサマはなさいませんでしょう。すり合わせて本当に解決するのかしら？　という疑問もございます。

爪楊枝オジサンにゾッとする女子たち

さて、ここでオジサマ方に絶対にお伝えしたいことがございます。テーブルに置いてある爪楊枝のこと。これを使っているあなたは、まぎれもないオジサンです。そう、オジサマではなくオジサン。女性たちが「勘弁してー」と確実に眉をひそめてしまうオジサン。「テーブルにわざわざ置いてあるんだから使って何が悪い」でしょうか？　つべこべおっしゃっても無駄なのです。とにかく、誰もがそんな光景は一瞬でも見たくないのです。片方の手で口元を覆い隠すのがマナー？　いえ、そちらの方がかえって目につきやすいですし、隠すような行為をお食事の場でなぜ平気でなさるのかが、女性や若い方からすると不思議でなりません。歯に挟まって気になるときは、たとえテーブルに置かれていたとしても洗面所でなさってください。

これ、多くの女性生徒さんから「先生、オジサンたちにぜひ言ってください！」「広めてください」と依頼されている重要案件です。この場で確かにお伝えさせていただきましたよ。

オジサマが嫌われるのはその音のせい

1―啜る音

日本人は食事中の音に鈍感と言われます。お蕎麦など麺類を啜って食べる文化があるせいか、ほかの食べ物や飲み物を啜ることも許されると勘違いなさっていませんか⁉　これはオジサマ方に高確率で言えることのようです。日本茶を始め、コーヒーやお味噌汁……。多分、隣のテーブルの方にまでその不快な音が響いていますよ。家での食事ならいざしらず……。

私のスクールには、「妻から指令を受けて参りました！」「彼女が調べて、『ここに行ってらっしゃい』と言われまして」とおっしゃって、テーブルマナーの個別レッスンをご受講なさる男性が少なくありません。パートナーの女性たちが気になっていたことは、ほぼ『音』なのです。食べ方のマナー意識や感覚が一致していないと、本人は気づかなくとも相手の方には日々相当なストレスがかかります。それが積み重なると……。恐ろしいですね。あとの祭りにならないよう、次に召し上がるお食事からご自身のマナーレベルを改めて確認、認識なさってみてください。

2 ― 噛む音

パートナーの方が気になる不快な『音』には、当然噛む音も含まれます。ぜひこちらにも敏感になってほしいものです。少しでも口が開いていると咀嚼音は同席の方に届きます。あなたのまわりで顔をしかめている人がいることにどうぞ気づいてください。特に年ごろのお嬢さんをお持ちのお父さま、どうして不快な表情をされているのか、察知してくださいね。

3 ― カトラリーと器の音

オジサマの口元からだけではなく、食事中に手元から発する音も問題が多いのです。先ずはカトラリーの音。ナイフやフォークをお皿に乱暴に置く音には「どうしました⁉」と驚いてしまうことも。

また、とても気になるのがお肉などをナイフで切るときに出る音です。ナイフでお皿をそんなに強く擦りますか！　と思うほど強く当ててしまっているのですね。必ず音は出るものですが、最小限に抑える気持ちを持っていただければ、同席の方も心地よく過ごしてもらえるはずですよ。先ずは心がけ、ですね。

また、お皿を置くときのガチャンという音をはじめ、動かすときの引きずる音、食べ終わったお皿を重ねるときの音にも気を使っていただきたいもの。隣のテーブルまで響く音はやはり騒音となりますでしょう。「スマートなオジサマ」と呼ばれるには、このような音のあれこれにも気遣いが必要なのです。

4 ― 動画は正直

1度、ご自身の食事中の真の姿を動画に撮ってご覧になってみてはいかがでしょう。普段通りのあなたを客観的に見る、聞くことによって、とんでもない所作や音を知ることになるでしょう。辛い現実を受け入れる勇気と男気があるオジサマはトライしてみてください。

お椀の蓋。オジサマあるあるのマナー違反

1―蓋のもどし方

飲み終わった椀物の蓋、あなたはどちらに、どう置いていますか？　開けっ放し？「飲み終わりました」というサインでちょっとだけ斜めにずらしてもどす？　その方がましかもしれませんね。一番よろしくないのは、蓋を仰向けにひっくり返して器にもどすこと。こちらも「ごちそうさま」のサインとして親切心からなさっているおつもりかと思います。

どんな意図であろうが、これらはすべてマナー違反。まず、食べ終わったら蓋は器にもどすのがマナーです。ただし、ずらしてもどす必要はありません。ましてや、逆さにもどすのは絶対にNGです。定食屋さんやファミレスならまだしも、会席料理店や割烹などで

は、せっかくの漆塗りが傷ついてしまう恐れがあります。しかも見た目にも品がなく、決して美しくありませんよね。お椀類の蓋は、サービスされたときと同じ状態、元通りにもどすのが正解です。

2―それは殻入れではありません

では、お吸い物に入っているハマグリや、お味噌汁のアサリやシジミの殻。どちらに置いていますでしょうか？　お椀の蓋に入れていく？　これ、オジサマに一番多いですね。何か空いたお皿を探して入れる？　これもよく見かけますね。まさかテーブルに直に⁉　またまたどれもこれもマナー違反です。貝類の殻はいただいたあとの残骸。わざわざ同席の方の目につくところに置くのはいかがなものでしょう。食べ終わった貝の殻は、そのままお椀に沈めておくのが正解です。その後、元通りに蓋をもどせば、育ちがいいオジサマです！

隠語を使いたがるオジサマ

寿司店で、アガリ（お茶）、ムラサキ（お醤油）、ギョク（卵焼き）、お愛想（会計）といった業界用語を使うオジサマは多いですね。ツウぶっているつもりなのでしょうが、お客様側が使うのは逆に品がない気がいたします。尚、シャリやガリは、既に広く一般的に使われているので例外と考えていいでしょう。

スマート会計ができるオジサマは少ない

女性にごちそうをする際、あなたはスマートに会計を済ませることができていますか？

相手の方の目の前で現金、特に小銭などを出すのはあまり格好のよいオジサマには映りません。

女性が食後、お化粧室に立った際に、サッとカードで済ませておくのが基本。せっかくのスマート会計のチャンスでしたのに、席にもどって来て、「そろそろ出ましょうか」というときになってスタッフを呼び止め、会計が終わるまで向かいの席でお支払いの光景を見届けさせられるのは、なんとも居心地が悪いものでございます。お店の方も「なぜ、せっかく女性が席を外されたのに、その時に呼び止めないのだろう」と思っていることでしょう。経験を重ねた大人の男性なら、最後の会計こそスマートに。

絶賛！　オジサマのこなれ所作

『懐紙』という言葉をご存じない殿方も多いことでしょう。そのような中、それこそさり気なく、自然に、優雅に、品よく懐紙を使えるオジサマは絶賛に値します。

私のスクールで主催する和食マナー講座や、個別でレッスンをお受けいただく「男性向けオーダーメイド講座」では、必ず男性用お懐紙をお渡しして、お食事の最初から最後まで使いこなしていただくトレーニングをいたします！　こなれるまでお時間がかかるかもしれませんが、テーブルマナーや所作の上級者として一目置かれるはずですので、みなさんもトライしてみませんか？

懐紙は、着物のふところに入れて持ち歩くための二つ折りの小さな和紙のことです。使い方は、たとえば、口元、箸先、グラスについた汚れを拭いたり、魚を食べるとき、骨を外すためにおさえる、魚の骨などを覆う、小骨や果物の種を出す際、口元を覆う、また、汁気のあるものを食べるときには受け皿として、和菓子などをいただくときには取り皿として、などが挙げられます。

懐紙は、デパートの文房具・お茶道具売り場や文具店、ネットなどで買えます。上級編ですが、覚えておくと役にたちます。

第2章

いまさら聞けない冠婚葬祭の常識

〈結婚式〉

グズグズしないで。招待状の返信

結婚式や披露宴の招待状が届いたら、先方のご都合もあるのでできるだけ早めに返信を送ります。こういったことが遅い方は、仕事ができないイメージですよね。迅速なお返事で、気持ちよくお祝いの心を表してあげましょう。

いただいた招待状の返信欄では、「御出席」「御欠席」「御住所」などの「御」の文字はきちんと消すのが礼儀です。ここまではほとんどの方ができているはずですが、見落としがちなのが、「御芳名」の「芳」の文字。「御芳」までしっかり消してから投函を！

ひとこと書いてください

出欠のお返事に必要事項だけを書き込んでポストに入れてはいませんか？　それではあまりにも事務的で、受け取った側は残念に思うものです。「この度は誠におめでとうございます」「お招きありがとうございます」「よろこんで伺わせていただきます」など、ぜひお祝いのひとことを。

ご欠席の場合でも同じです。特に詳しい理由は不要ですので、「残念ですが……」と加筆なさるようにしてください。

一体いくら包むのか？

ご祝儀の相場も時代と地域によって変わるので、一概に適切な金額がいくらかとは言い切れないのですが、その地方に詳しい友人や知人に相場を聞いてみるといいでしょう。

上司として部下にご祝儀を渡す場合、10万円が相場のようです。もちろん新札です。部下を飲みに連れて行く回数を減らすなどして、部下の幸せを願い気前よく渡すのが男の美学なのではないでしょうか？

新札を用意するのが大人

あなたの家には、常に新札のストックはありますか？　当日になってクシャクシャなお札しかないことに気づくようではデキる男失格です。あたりまえの大人の準備として、1万円札は5枚以上、5千円札は1～2枚、千円札は4～5枚用意しておくと、突然のご入用でも安心です。

ご祝儀袋自体の金額も気にして

ご祝儀袋の中身である金額については、お考えになったり悩まれたりするでしょう。しかし、袋自体のお値段についてはどうでしょうか？　何十万円もの金額が質素な袋に入っていたり、逆に、5千円～3万円程度の金額なのに派手な飾りが施されたゴージャスなご祝儀袋だったりしては、つり合わず、ちょっと恥ずかしい常識知らずのオジサマとなってしまいます。中身の金額とバランスが取れるご祝儀袋を選ぶことを忘れないでくださいね。

また、ご祝儀袋の紐は蝶結びはいけません。一度きりであってほしい祝い事に使う結び切りを選びます。

大人が袱紗を持っていないなんて……

一般的にご祝儀は披露宴会場の受付でお渡しすることがほとんどでしょう。その際、内ポケットからむき出しのご祝儀袋を取り出してはいませんでしょうか？　もしくはむき出しのままバッグに？

購入したときに入っていたビニール袋にちゃんと入れている!?　いえいえ、どちらもNGです。

大人の男であったら、ご祝儀袋は必ず「袱紗」に包んで持参するもの。慶事ですので、色は赤系のえんじ色など、もしくは、慶弔どちらでも使える紫がおすすめです。

何を着て行きますか？

披露宴に招かれたら、仕立ての良いブラックスーツがいいでしょう。もちろん、きちんと着こなせるのであればタキシードに黒いボウタイも格好いいですが、日本では浮いて見えてしまうかもしれません。レッドカーペットに登場する俳優のタキシード姿は素敵ですが、それはやはり、高校の卒業パーティー、プロムのときからタキシードに慣れ親しんでいる欧米人の特権なのかもしれません。

ファッション・エディターに聞きました

結婚式で黒いネクタイは当然NG。ただし、フォーマルウェアの一部であるボウタイは黒でも構いません。新郎とその親族が白いネクタイを着用するので、ゲストとして呼ばれた場合は、シルバーや白に近いグレーなどが適しています。ネクタイの結び目は、最も簡単なプレーンノットでもいいですが、上級者であればセミ・ウィンザーノットがおすすめ。結び目が程よい大きさになり、左右対称で美しい逆三角形に仕上がるからです。結び方はスーツ会社が運営している動画サイトを参考にして練習するといいでしょう。

テーブルのお仲間に挨拶を

宴席のテーブルに到着しましたら、両隣りのゲストや目の合った同じテーブルの方には会釈をしましょう。ムスッとしてどなたとも目も合わせない、口もきかないオジサマって本当にたくさんいらっしゃるんです！　これから何時間か共にお祝いの席に座り、ご一緒にお食事をするわけですから、基本の挨拶くらいはなさらないとね。

たとえ目が合わなくとも同テーブルの方に対し、「失礼いたします」「こんにちは」「よろしくお願いします」という挨拶言葉が自然に出てくるような方は、「感じのいいオジサマ」として第一印象がかなりアップします！

スピーチは具体的エピソードを

スピーチをお願いされて「そうか、そうか」と喜ぶオジサマと、困り果ててしまうオジサマ、双方にお願いします。オジサマ方にありがちな、ことわざや一般論を長々と話されること、一旦捨ててください。新郎新婦、ご親族へのお祝いの言葉のあと、みなさんがお聞きしたいのは、新郎新婦のお人柄がわかる具体的なエピソードなんです。これまでの出来事を精一杯思い出すことに尽力し、そして、それを簡潔にお話しすることに専念してくださいませ。

スピーチの際は、「分ける」「別れる」「離れる」「戻る」「切る」などの忌み言葉、また、「重ね重ね」「度々」などの重ね言葉が入らないよう、内容を確認しておきましょう。

結婚祝いのNGは?

2で割れる数のもの、ガラスなどでできた割れるもの……と言われている時代もありましたが、そこまで気になさると贈るものがなくなってしまう、ということで現在ではペアグラスや夫婦箸など、普通にお贈りしている傾向にあります。とは言え、包丁やナイフ、ハサミ、鏡など「切る」「割れる」「壊れる」などを連想させる品物は避けたほうがよいでしょう。

〈贈答〉
どちらかを贈ればいいのではない！

日頃お世話になっている上司や取引先、クライアントの方へ、お礼のお品を贈るのがお中元とお歳暮ですね。こういった日本の風習が薄れつつもありますが、教室では「盆暮れの贈り物マナー」について生徒さんから尋ねられることもまだまだ多く、やはり日本人として、大人として、贈る際のお作法はしっかり押さえておいていただきたいものです。

さて、1年の前半期にお世話になった方へお中元をお贈りしたといたしましょう。7月以降はそれほどかかわりがなかったので、お歳暮は見合わせることに……。実はこれはマナー違反！　お歳暮はその年にお世話になった方へのお礼ですので、お中元を差し上げた方には必ずお歳暮も贈るのが作法なのです。これを知らないと恥をかきますのでお気をつけくださいね。

上司に万年筆を贈ってしまった⁉

お中元とお歳暮に限らず、昇進祝いを始め、転勤が決まった送別のお品などとして、上司や目上の方には贈ってはいけない物があるのをご存じでしょうか？

実は、ついつい選んでしまいがちな文具です。ちょっといいボールペンや万年筆、ペンケース、手帳やペーパーウェイトなどの文房具は贈り物として最適、と考えてしまうものなのですが、これらは「もっと勤勉に」「仕事に励むように」「勉強しなさい」という意味となり、目上の方には失礼な贈り物となってしまいます。差し上げたご経験がおありの方もきっといらっしゃいますよね。今後はちゃんと思い出してくださいね。

革のスリッパを贈ってしまった⁉

「足で踏みつける」という意味で、室内履きや靴、また、床に敷くマットやラグなども上司、目上の方にはタブーな贈り物とされています。寒い冬の時期のお歳暮に、上質な革や温かいムートンでできた室内履きを選びたくなったとしても、相手の方との関係などをよく考えてからご購入なさってください。

いただく側のマナーもわかっていないと

ご自分がいただく側になったときにだってマナーは必要です。男性はちゃんとお礼が言えない方が少なくないのですが、相手の方は好みの物を考え、選び、贈る手配をしてくださったのですから、それに対してお礼の気持ちを伝えるのがマナーです。

また、贈った側は、「ちゃんと着いただろうか」「気に入ってもらえるだろうか」と気になるもの。受け取ったらできるだけ早めにお礼のご連絡を入れるのがデキる男の常識です。

持参されたときのお礼

手渡していただいた際は、その場でおっしゃる感謝の言葉だけではなく、その日か翌日に、メールや電話などで改めてお礼をお伝えする必要があります。

さらに、お品物を見た、使った、飾った、食べた、などの感想もお伝えできると、贈った方も安心しますし、喜んでくださるでしょう。もしお礼状を書いて送ることができれば、さらに、大人の粋な男ですね！

お返しはしていますか？

お中元、お歳暮をいただいたら、お返しを考えてしまう方もいらっしゃるのでは？　え、毎年ちゃんと半返しなさっている？　実はこれ、不要なのです。マナー違反とまでは言えませんが、あなたがお世話をして差し上げたことに対してのお礼のお品ですので、それにまたお礼をする必要はないということです。

何を連想させたらNGかご存じ？

上司、同僚、部下や取引先の担当者の方などへ、新築祝いや引っ越し祝いを贈る場面もあるでしょう。この際も気をつけなければならないマナーがあります。多くの方が選びがちなのがホットプレートや電気ポットなどキッチン用品ではないでしょうか？

しかし、これらは「火」を連想させます。そしてこの「火」は「火事」も連想させるのでNGと言われているのです。もちろん。それらが火を使わない電気仕様であっても、連想させるという理由でよろしくないわけです。

また、ロウソクを使うアロマグッズなどもいけません。そして、赤い色の物も火事を連想させてしまいます！

さあ、こうなると「一体何を選べばいいんだ！」と思ってしまうかもしれませんが、贈る相手の方との関係性でもちろん許されることもありますので、先方にご相談なさってみて、欲しい物を差し上げるのが一番でしょう。


〈お見舞い〉

鉢植えだけじゃない。NGなお見舞い品

お見舞いのお品として差し上げてはいけない物の代表に鉢植えがあります。

「根付く」＝「寝付く」ということで非常に失礼にあたってしまいます。では、その他でNGなお品はご存じですか？　確認なさってください。

・オジサマ世代にとって定番の籠入りフルーツ盛り合わせ
↓くだものは皮を剝く手間とナイフが必要。また、冷蔵庫で冷やさないとならない物もあるため。
・こちらも定番、花束
↓花瓶が必要です。毎日お水を取り替える手間もかかります。禁止している病院も多いので、事前にご確認を。
・菊の花
↓お墓参りを想像させるので。
・百合の花
↓匂いが強いので病室にはふさわしくない。
・椿の花

↓首元からポロッと落ちるので縁起が悪い。

・ねまき類

↓長引くことを想像させてしまいます。

突然お見舞いに来ないで！

予告なしに女性のお見舞いに行くのは避けましょう。ねまき姿やノーメイク、シャンプーもできない状態のときに、女性が他人に会いたいと思いますか？　男性にはこういったデリケートな事柄はわかりにくいようです。突然の訪問はごく親しい間柄の方だけと心得てください。

長居しないで！

お見舞いの目安の時間は15分から長くて20分ほどと考えましょう。大部屋の場合は、ゆっくり休みたい他の患者さんにご迷惑ですし、本人のからだの具合を気づかうという大切な意味もあります。個室や談話室、面会室などでお目に掛かる場合も節度を持った時間とふるまいを。

〈葬儀〉
お通夜は普段着で駆けつけるべき？

以前はこう言われていました。「喪服を着てお通夜に出るのは、用意していたようで失礼。マナー違反である」と。しかし現在は様々な要因により、亡くなった当日にお通夜が執り行われることは稀となっています。

お知らせをいただいてから、喪服を用意する時間が十分あるはずですので、以前は良しとされていたように、本当に普段着のままで伺うと浮いてしまう可能性大です。もちろん、その当日に知り、取り急ぎ駆けつけたという場合はその限りではありません。

不祝儀袋は薄墨で

弔事の場合、お香典袋の表書きと中袋は一般的な黒い墨や筆ペンではなく、薄墨で書くのがマナーと言われています。こちらは絶対ということではないのですが、薄墨は涙で墨がにじんだ……という悲しみの気持ちを表すとされていますので、大人の知識として覚えておくとよいでしょう。

受付での挨拶言葉

「葬儀の受付で何と言ったらいいのか……」と質問を受けることがあります。もちろん「この度はご愁傷様でございます」といった定番の言葉でも結構です。ただし、格好のいい言葉をハッキリしっかりおっしゃる必要はない場面となります。「この度は……」「突然のことで……」と語尾を濁しておっしゃるほうが、悲しみや残念なお気持ちがより伝わるかもしれませんので、考え過ぎなくても大丈夫です。

キリスト教式でNGな言葉

キリスト教では死は終わりではなく天国へ召される、神様のもとへ行く喜ばしいこととされていますため、お悔やみの言葉はありません。ですから、「ご愁傷様」は使いませんので覚えておいてください。

ではなんと申し上げたら？「安らかなお眠りをお祈りいたします」などが適しているでしょう。

見様見真似で大丈夫

参列やお焼香のマナー、など不安ではないですか？　年に何回もあることではないため、毎回戸惑ってしまうことも多いでしょう。でも大丈夫です。やり方は地域や宗派によっても異なります。先に、係の方からご説明があることもございますね。それをお聞きになり、また、ご遺族や故人の近しい方のやり方をご覧になって、それに従っていけばそれほど心配なさることはありません。

通夜ぶるまい、いただくのがマナー

お通夜のあと、喪家側が弔問客をお酒や軽いお食事でもてなすのが通夜ぶるまいですが、これを遠慮してしまってはいませんか？　通夜ぶるまいは、参列者へのお礼やお清め、故人への供養、そして、故人と最後のお食事を共にする……という意味がありますので、お時間がなくてもひと口だけはいただいてからお帰りになるようになさってください。それがマナーです。

第3章

第一印象、本当にそのままでいいですか？

姿勢とは背筋だけではない

私は40代50代60代の男性、特に大勢から注目され責任ある立場の男性を拝見していますと、非常に「もったいないなあ」と感じることがあります。それは『第一印象が残念過ぎる』ということ！　特にファーストインプレッションを大きく左右する立ち姿勢です。部下や社員の方を前に朝礼をなさることもあるでしょう。クライアントやお取引先、お客様との商談や打ち合わせ、接待で外部の方にお目にかかることも少なくないはず。また、決算報告会や株主総会で多くの方々の前に立ち注目されることや、さらに専門誌やテレビなどマスコミを通じた媒体でご自身の容姿をさらす場面が多い方も。それにもかかわらず、ご自身の見せ方についてほとんど考えていらっしゃらなかったのです。

「姿勢？　そんなの背筋を伸ばせばいいだけだろ？」「やろうと思えばいつでもできるさ」

とお思いのオジサマ方、甘いです！　意識すれば背筋を伸ばすことは1～2分持つかもしれません。しかし、姿勢とは背筋だけではありませんよ。「頭」「耳」「肩」「首」「腕」「踵」すべてを整えていかなければなりません。それに、他人の目に触れているのは1日数分ではなく、何時間もではありませんか？　長時間、そして、何時も「カッコイイ」「デキる男」「存在感が半端ない」「オーラが違う！」と思わせなければいけないお立場ではないでしょうか⁉

私のスクールではレッスンの際、ご本人のビフォーアフターのお写真をお撮りしてご覧いただいています。受講生の誰もが口を揃えておっしゃる言葉。それは、「全然違う！」「こんなに酷かったとは……」「もうもどりたくない」でございます！

衣装選びにスタイリストさんを付けていらっしゃる方は稀です。たとえプロフェッショナルな方に素晴らしいスーツをご用意いただいたとしても、姿勢や立ち居振る舞いについてはご専門ではないので、せっかくの装いが上手に活かされない……という残念な結果になることもしばしば。仕立てのよいスーツを生かすも殺すも、あなたの姿勢、振る舞い次第なのです。

制約や制限が美しい所作を生む

スーツはカジュアルウェアとは異なり、激しい動きに対応する服ではありません。しかし、「動きを制約するからこそ生まれる美しい所作」というものがあるのです。たとえば、内ポケットから名刺入れやお財布を取り出す、ブリーフケースを左右の手に持ち替える、着席時、椅子の脇にさっと置く……、こうした一連の動作が流れるようにできれば一人前！「背広」と言われるスーツを着ない私たち女性にとって、ビジネススーツをビシッと着こなした美しい所作のオジサマ。憧れのお姿です。

ご存じ？　アンボタンマナー

ジャケットの一番下のボタンを留めてしまうと、不要なシワが入って美しく着こなせません。ですから、三つボタンのジャケットは上二つだけ留める。二つボタンの場合は、上一つを留める、ということになります。一番下のボタンは常に外しておくのが基本です。これが「アンボタンマナー」。

スーツ慣れしていない、真面目な新入社員のように、全部のボタンを留めている方をごくたまにお見かけしますが、いい大人がそれでは格好悪い！　一番下のボタンはあくまでデザイン上のアクセサリーだと思ってくださいね。ベストのボタンも同じです。一番下は外しておきます。

見惚れてしまいます！　男の一瞬の所作

スーツ姿の男性陣に必ずやっていただきたい所作があります。それは、座るときにジャケットのボタンを外すこと。おなかが出てきているので苦しいから？　ではありません。こちらもアンボタンマナーと同様に、まわりの方に対してのマナーではなく、ジャケットに対してのマナーであり、着こなしのルールでもあります。理由は同じ。余分なシワが寄らないように。ただし、就活の面接などの畏まった場面、謙虚に映った方がよいと判断されたら、閉めたままの方が好ましい場合も。

そして、立ち上がる際には留めるのを忘れずに。これらは、スーツスタイルのマナーを知っている男性ならではの仕草。女性から見てもスマートで格好いいオジサマに映りますのでぜひ！

男の小物にセンスが表れる

何年使っていますか？　そのお財布と名刺入れ。男性の生徒さんに、「お差し障りなければ、小物類もチェックしましょうか？」と尋ねると、なんともくたびれたお財布が出てきます。部下にごちそうする際や接待時、相手の方にお財布が目に入ることもあるでしょう。また、名刺交換時には名刺入れもよく見えます。使い込まれた味のある革、という印象を通り越したものはもう替え時。また、パンパンに膨らんだ名刺入れやお財布は、きちんと管理できていない人間、つまり、仕事ができない人という印象を与えてしまいます。ビジネスマンとしてこれではマイナスですね。

相手にも失礼。100均ボールペン

見るからに安そうなボールペンは大人の男性にはおすすめできません。毎日使うペンこそ、上質な物を手にするのが余裕ある大人の男。「別に、高級なペンと変わらないし」という考えもあるかもしれませんが、大切なお客様やクライアントにお貸しすることになった場面を想像してください。お申込書や書類にサインをしていただくとき、特に高額な商品やサービスの契約時などに「こちらどうぞ」と、100円ショップのボールペンを差し出されたら……これはお客様に対して失礼でもあります。特別高価なペンでなくとも、ぜひ上質な物を普段使いなさっていただきたいものです。

ビジネスにリュックはいかがなものか

最近では企業の新人研修は、お若い講師の方々にお任せしているのですが、私の著書『育ちがいい人』だけが知っていること』（ダイヤモンド社）をお読みくださった、みなさまよくご存じの一流企業の役員の方が、ありがたいことにすぐにご連絡をくださり、新入社員研修を担当させていただく運びとなりました。もちろん優秀で素直、前向きな新人のみなさまでしたので、たくさん実践いただき、吸収いただき、ご成長も確認でき無事終了となりました。

さて、「ありがとうございました」「お疲れさまでした」の挨拶後のことです。新人男性のほとんどがリュックを背負って移動されたのには少々驚き、「リュックは認められているのですか？」と人事の方にお尋ねしてしまいました。研修期間中は荷物が多いので許されているとのこと。これは、新人やお若い社員さんだから大目に見てもらえるのであって、オジサマでしたらいかがでしょう？

確かにその新人さんたちはイマドキのスタイリッシュなリュックでございました。でもオジサマの背中にお見かけするリュックと言えば……。昔ながらの正統派。これではスーツが泣くなぁと常日頃感じておりました。

メンズファッション・エディターに聞きました

本来、リュックは登山やアウトドアなどに使うものであって、ビジネスには適さないカバンです。仕事で必要な書類とPCが入るブリーフケースがあれば事足りるはず。重い荷物を入れたリュックは、スーツの生地を傷め、型崩れさせてしまいます。さらには、シワがたくさん入るので、見た目にもエレガンスを欠くことに。リュックはもちろん便利ですが、オケージョンを意識すべきでしょう。自転車通勤している方やフリーランスの方で、スーツ以外をお召しになる場合はもちろんリュックでまったく問題ありません。

……と書きつつも、先日飛行機の前の座席に、髪型、お顔立ち、スタイル、スーツなどすべてがスマートで実に格好のいい男性が座っていらっしゃいました。もちろん仕事もできそうに見えます。目的地の空港に到着し席を立たれた際に、スッと右の肩に掛けたリュックが実に素敵だったのです！　なんだかさんざんリュックはNGと書いておきながら矛盾するようですが……、上質な革でスタイリッシュなシェイプ。「あー、こんなリュックならちょっといいかも」とひとりで納得し、その紳士の背中を見送りました。

クラッチバッグに罪はないけれど

ひと昔？　ふた昔前にはやったクラッチバッグは、流行遅れ、時代遅れ、古臭い印象を免れません。実はこれ、流行中の当時からも女性の評判は至って厳しく、「幻滅」「最悪」「集金のオジサンか！」というものでした。覚えておいていただきたいのは、男性のクラッチバッグとは、『これぞ、オジサンバッグ』という残念な物である、という現実でございます。

休日、バッグは持つ？

週末に出かけるときなど、手ぶらで行くか、何かバッグを持って出るか、悩みませんか？　仕事用のブリーフケース、ショルダーバッグ、リュック、クラッチバッグ……!?

実は、残念ながらどれもこれも女性受けはよくないのです。よほどセンスのよいバッグを持っている方は稀ですので、自信のない方は基本、手ぶらがおすすめとなります。お財布やスマホはジャケットなどのポケットに入れることになりますね。

やっぱり靴でしょ。男は

「お洒落は靴から」なんて言葉は、みなさんも1度はお聞きになったことがおありでしょう。何十万円もの高価な靴を、丁寧にメンテナンスなさり、それこそ十年近くも履き続ける……。そこまではなさらなくて結構ですが、「もう少し、靴に気を配りましょうよ」と思うオジサマが多いこと！　カカトの減りは他人からよく見えます。歩くときの癖で一部分だけどんどん減ってきてしまう方は、特にマメにご確認を。革が削れやすい爪先を含め、傷のチェックや、艶出しにも励んでいただきたいところです。

私がよく立ち寄る有楽町の書店の前には、いつもズラッと男性が並んでいらっしゃいます。ご存じの方も多いかと思いますが、靴磨きの職人さんに並ぶオジサマの列です。「まぁ！」と思ってしまうほどのお値段なのですが、静かに順番を待つ、こだわりを持たれたオジサマがいじらしくもあり、しかしとてもカッコよく見える。そんな不思議な感覚を覚える光景です。

そして、腕時計でしょ

これまで私はさまざまな職業の方と公式に対談、コラボ、インタビューなどをさせていただいてきました。また、プライベートであっても、私の仕事柄、いろいろな方々へ質問をしてまいりました。そんな私の結論は、『人は見た目』ということ。例えば、ホテルマンやハイエンドのブティックの方に、「お客様のどこを見る？」「どこで上客を判断する？」という問いに、ほとんどの方の口から「ああ、やっぱり」というお答えが返ってきたのです。そう、多くの方がご想像されているであろう「靴と時計」でございました！

今や「スマホさえあれば、もはや腕時計は不要」というお考えの若手ビジネスマンは数多くいらっしゃいます。しかし、畏まったビジネスシーンであれば、スマホで時間を確認する姿というものは、ＬＩＮＥやメールを見ているという誤解を与え、不快に感じさせることがあり失礼にもあたりますね。

ダイバーズウォッチやクロノグラフは避け、シンプルな3針（時針・分針・秒針）のデザインが最も好感、信頼を持たれるでしょう。Apple Watchなどスマートウォッチも人気ですが、やはり素敵な紳士としては革ベルト、もしくはホワイトゴールドやステンレスが基本と考えます。

若い男性でしたら、無理してお高い時計を購入する必要はありませんが、年齢を重ねて経験を積んできた男性であれば、しっかりした歴史があり信頼できるブランドを選ばれると、ビジネスでの信頼度もグッと高くなるという考えが一般的なのでしょう。

第4章

オジサマに欠けているのはやっぱり清潔感だった

自分の臭いに気づかない

奥様やお嬢さんから「パパ、臭い」と言われたことはありませんか？　ミドル脂臭（中年男性独特の臭い）は、女性に強烈な不快感を与えるようです。

昨今はスメハラ（スメルハラスメント）という言葉が頻繁に聞かれるほど、ミドル脂臭に対して、風当たりが強くなっています。

つい最近も私のマナーサロンで50代のオジサマ3人と打ち合わせをしたのですが、なんと翌日までオジサマ臭が取れませんでした！　もちろん窓を開け放ち換気をしました。翌日口いらした方には、「ごめんなさいね。男性が数名いらっしゃったので……」とお詫びも申し上げました。一体どこに染みついてしまったのでしょうか。

男性用化粧品会社広報に聞きました

近年の研究によって、男性の体臭は年齢とともに臭いの種類が変わり、部位によっても臭いの種類が異なることがわかっています。そもそも汗は無臭なのですが、皮膚常在菌と結びつくことで、嫌な臭いを発生します。30代までのいわゆる酸っぱい汗臭さは、洗い流せば簡単に落ちますが、40代以上になるとそうはいきません。皮脂の粘性が高くなり、中鎖脂肪酸とジアセチルという物質が発する2つの臭いが混じり合うことで、使い終わった揚げ物の油のようなミドル脂臭となるのです。

そう、これは仕方がないようなのです。嗅覚の馴化によって、自身では認識できなくなるからです。どうやら奥様やパートナー、ご家族など、親しい人に指摘してもらうしかないようですね。ミドル脂臭対応のシャンプーを使うなど、対策はできそうです。

スメハラについては、オジサマ自身の臭いだけでなく、コロンや整髪料の香りも同様。

女性にも言えることではありますが、お気に入りの香りを朝出社前にシュッとつけ、すぐに自分では感じなくなってしまうので、お昼休みにもひと吹き。退社時にもまたもうひと吹き……。本人以外の人は敏感に感じますから、これもまた立派なスメハラとなるわけです。

なお、実に厄介なことに、臭いとはとてもデリケートな事柄なので、まわりからは本人になかなか伝えられないのです。そこで絶対に必要なことは、ご自分が現状をしっかり認識すること。周囲へ与えている真の印象と、周囲からの評価を想像できる力なのです。

その整髪料、いつから使ってる?

そうそう、昭和のオジサンっぽい香りの整髪料はいただけませんね。20年30年にわたり、何の疑問も持たずに同じ製品を使い続けているオジサマって意外といらっしゃいます。切れそうになると奥様が買ってくる？　いえいえ、もう大人なんですから、身だしなみ用品は自分で選びましょう。時代に合わせてね。

茶髪はイタイかも

「中高年の男性の茶髪で、イタくない方は稀」というのが正直な印象。ほかの部分とのギャップがかえって浮き彫りになり、悲しいかなオジサマの思惑に反して年齢よりかなり老けて見えてしまうのです。男性はグレーヘア、シルバーヘアが貫禄も品もあって女性には高評価です。もちろんこれは男性に限ったことではありませんね。脚に自信のあるマチュア世代の女性の短すぎるスカートなどもしかり。

見落とさないで！　眉毛

「眉毛をいじるなんて女性のすること」と思い込んでいませんか？　私のスクールでは女性のヘアメイクレッスンを行っていますが、実は男性のレッスンでもヘアスタイルとともに、眉毛の形のご提案やカットもさせていただいているんですよ！

眉尻が下がっていて自信が感じられない印象を与えていたり、上がり過ぎて険しく見えてしまったり、眉間で繋がっていたり、逆に左右の眉頭が離れていて間が抜けた印象となってしまったり……。男性は太眉であっても細眉であってもちょっと形を整えるだけで印象がパッと変わります。垢抜けて見えるわけです。ある程度整った眉毛の男性は、スマートで品も感じさせてくれ、清潔感もグッと上がるのできっとモテます。

爪を見たのは何日前ですか？

爪が伸びていて平気でいるようなオジサマには、「子どもじゃあるまいし、自身のお手入れすらできないの!?」と女性たちは眉をひそめ、そして呆れています。

今、思わず爪をご覧になってしまったオジサマ、そうです、毎日そのようにチェックなされればいいだけのことなのです。何か月もご覧になっていない足の爪もあわせて……。

歯は磨くだけじゃだめ

「歯のケアなさっていますか？」と聞かれたら、歯磨きとお答えになるでしょう。定期的に歯医者さんでチェックなさっている方もいらっしゃるかとは思いますが、それだけではちょっと足りない方がいるかもしれません。

ぜひ笑顔を鏡で映してみてください。気にしていただきたいのは、歯の色。年齢を重ねるごとに色も変化してきます。芸能人やスポーツ選手ではなくともある程度好感度の高い白さはキープしていただきたいものです。行きつけの歯科医院にご相談なさってみてもいいでしょう。上級者向きですが、ホワイトニング専門のサロンもたくさんできていますし、ご自宅でケアできる製品もあります。とにかく、『気づく』『認識する』ということが大切なのです。

洗面所以外の鏡、見てますか？

朝、顔を洗ってヒゲを剃って、髪をササッと整え、ネクタイの結び目を確認。それだけで出かけてしまうオジサマがほとんどのようです。洗面所の鏡のみ、上半身のみを大雑把にご覧になっただけで、チェックの厳しい女性社員も待ち受けている会社へ向かわれるとは。なんとこわいもの知らず、無防備なのでしょう。あるいは、なんと果敢なのでしょうか！

その日にお会いする方々は、上半身だけを見てくれるわけではありません。靴を履いた状態の全身を、そして横、後ろ姿も容赦なく見られてしまうことを忘れないで。

出先での鏡チェックもマナーです

1―ヒゲチェック

男性の生徒さんを拝見していますと、ヒゲ問題もスルーできません。毎朝の習慣となっているせいか、「剃れている」という思い込みでろくろく確認していないと、剃り残しという格好悪い事態になります。また、濃くてお困りの方も少なくないようです。それにもかかわらず「会社に置きシェーバーありますか?」「外出先でも剃れるようにシェーバーを持ち歩いていますか?」と伺うと「No」の方ばかり!

女性がお化粧直しをするように、男性も『ヒゲを剃るのは朝』などと勝手に思い込まずに、ご自身の状態に合わせて身だしなみを整えなければなりません。どうしても面倒とおっしゃる方には、上級者向きですが、オシャレに敏感なお若い男性方がなさっているヒゲの永久脱毛を考えてみたらよろしいかも。すべて処理してしまうか、半分程度になさるかなど担当の方にご相談なさってみてください。

2―あぶらチェック

「オジサンに携帯貸すのは絶対イヤ!」という女性陣の気持ちはおわかりになりますか?「電話、ちょっと代わって」と携帯を借りる場面もあるでしょう。ほんの短い時間であっても「はい、ありがとう」ともどされた液晶画面に頬のあぶらがベッタリ……。これにはもう女性たちは泣きたくなるのです。

携帯を貸さなくとも、そのテカテカ、女性は嫌悪感を持つもの。オジサマ方、自分自身の顔を鏡で確認するのはマナーなんです。身だしなみです。まわりの方全員から見えているあなたの顔なのに、自分だけが自分の顔を見ていないなんて実におかしなお話ですよね。

3 ─ 食後チェック

お好み焼き屋さんの青のりチェックだけではありません。食後の口元のチェックはマナーです！ ソースが口のまわりについている、緑や赤色の野菜や肉が歯に挟まっている……など、自身で確認するくせをつけましょう。

麺類好きなオジサマへ

男性のランチはお蕎麦やラーメンなど汁物、スープ物が多いのでは？ 食後は仕事にもどり、社内の人間や取引先の方、お客様とお会いするわけですよね。それなのにスープが飛ぶことに無神経な方が多すぎます！　そのまま商談に向かったら会社のイメージも下げてしまうでしょう。女性だったらお蕎麦やラーメンなどオーダーしたときは、相当気を使って食べ、何度も「飛んでないかしら？」とチェックするのに。男性がなさらないのは「甘いな～」と思わざるを得ません。

オジサマのナマ脚なんて見たくない

座っているオジサマのスラックスの裾からナマ脚、スネ毛が見えていたら……。女性たちから「サイテー」という声が聞かれそうです。今や男性も永久脱毛を含めケアする時代。オジサマ方、その感覚に取り残されていませんか？

スーツを購入する際、姿見の前でチェックするのは決まって立ち姿でしょう。横からや後ろ姿までも確認なさるオジサマはまだ優秀なほう。でも一歩先行くオジサマでしたら、座った際の裾の位置までちゃんとチェックしたいものです。

メンズファッション・エディターに聞きました

素肌を見せないで

2世紀以上もの時間をかけ、ヨーロッパで磨かれてきたスーツスタイル。男性は公共の場ではなるべく素肌を見せないことがマナーとなります。スーツを着用して椅子に腰掛けたとき、捲れ上がった裾からすね毛が見えるのは初歩的なミスです。スーツに合わせるべきソックスは、ホーズと呼ばれる長い靴下なのです。

ボタンの外し方にも品というものがあります

シャツやポロシャツのボタンを開ける際は第二ボタンまでと心得て。10代20代の男性ならまだしも、オジサマが「暑いから」と言って第三ボタンまで開けてしまっては下品です。

オジサマ、あなたは新人くんですか？

スーツ姿の男性の足から白いスポーツソックスが……。以前、企業の新人研修を担当していたときのお話です。本当に毎回毎回起こってしまう〝NGあるある〟が、スーツに白いソックス。「えーっ！　黒い靴下なんてオジサン臭い」というのが若い彼らの言い分でした。「フレッシュな新入社員だからしょうがないわ」「初めてのスーツですものね」と、親心として優しくご注意申し上げたものです。「白い靴下のほうが100倍ダサいのよ！」と。

しかし、これがミドルエイジの受講生ともなると、「あなたは今まで何を学んできたのですか」と呆れ、叱りたくなってしまいます。スーツに白い靴下は、本当にやめてください。基本的にダークカラーになさってくださいね。革靴の色と揃えたり、スーツよりも濃い色でしたら間違いないでしょう。

ポケットにそんな物入れないで！

ひと昔前、ワイシャツの胸ポケットに3本も4本もボールペンを挿しているオジサマを頻繁に見かけました。最近はありがたいことにお目にかかりにくくなってきましたが、代わってスマホを入れているオジサマが目立ってきた気がいたします。

でも、お願いだから何も入れないで！　ワイシャツの左側だけがだらしなく垂れ下がり、スマートでデキる男には到底見えません。入れるとしても、どうぞ紙切れ1枚程度になさってください。もちろんスーツの胸ポケットもです。

シャツのポケットは無粋か？

もともとワイシャツにポケットは付いていませんでした。付けるようになったのは利便性のためであって、本来、スーツスタイルのエレガンスを欠く邪道なもの。英国を始め、各国で「胸ポケットはダサい」「胸ポケットなしが王道」と言われる一方、「機能性重視」との声も確かにあります。日本は後者が主流ですね。

海外ブランドでは、胸ポケット仕様のワイシャツを廃止したところも多数あるとのこと。米国のエリートが集まるあの街では、胸ポケット付きのワイシャツをお召しになっていると、プロ失格の烙印を……というお話も。さあ、あなたが選ぶのはどちら？

シャツは本来下着だった

スーツに白いワイシャツを合わせることは基本中の基本。本来ワイシャツは下着として生まれ、必ず素肌の上に着るものなのです。そして、スーツを着たら、人前でやたらとジャケットを脱ぐのはご法度。白いワイシャツから、Tシャツやプリントが透けて見えるなどは論外。汗染みが気になるなど、どうしても肌着を着るのであれば、透けることがなく、吸水速乾性に優れたものもたくさんありますので、そういったものを選ぶようにすると良いでしょう。

自分のイニシャルを発表するオジサマ

ワイシャツにイニシャル刺繍を入れるのはステイタス? お洒落? お袖に記されているアルファベット2つ。どうしても「ああ、やっぱりオジサンね……」という印象は免れないものです。残念ながら女性陣は「あら、イニシャル。ステキ!」とは思いません。ですから2つのアルファベットを発見されてしまったら、多分実年齢以上に見られているでしょう。だって若い方はそんなものほぼ付けていませんものね。

しかし、オーダーシャツに自分のイニシャルを入れるのは、男性スーツスタイルの密かな楽しみでもありますね。ただし、他人から見えない位置となります。左の腹部に刺繍を入れることが決まっているそうです。それが披露されてしまうのはルール違反と言われているのです。刺繍を入れられる際は、信頼できるお店でアドバイスしていただくとよいですね。

メンズファッション・エディターに聞きました

ビジネスシャツで選ぶべき色は2色だけ

たくさんのシャツを売りたいので、店先には多様な色柄のシャツが陳列されていますね。でも、正統的なスーツスタイルに合わせるべき色は、ホワイトかブルーだけなのです。そもそも日本人がシャツのことをワイシャツと呼ぶのは、ホワイトシャツが訛ったため。それほどまでに、シャツ＝白なのです。唯一の例外として、ヨーロッパの上流階級が認めたのは薄いブルー。その理由は単純明快で、ネイビーとグレーのスーツによく似合う色だから。

パンツのポケットでわかるオジサン度

何が入っているんだか、スーツの組下となるパンツのポケットにやたらと収納しているオジサマ方。私のスクールに通われている男性生徒さんでも大勢いらっしゃいます。

「一体何を入れているの?」とお聞きすると、スマホやお財布、ご自宅の鍵、自慢の車のキー……。いろいろな物を自慢げに見せてくださいます。しかし、せっかくのスーツのシルエットが台無しではありませんか!「スマホはカバンの中に。お財布はジャケットの内ポケットに入れてみたらいかが?」とお伝えしております。

メンズファション・エディターに聞きました

エレガンスとは余計なものを排除すること

襟裏や前立ての裏地に色柄をあしらったり、ボタンホールに赤や青の装飾をしたり、差別化のためにあれやこれやと余計な装飾を凝らしたシャツをよく見かけますが、そうしたシャツはアパレル産業が仕掛けた罠です。上質なコットン素材で、自分の身体に沿ったサイズを選ぶだけで良いのです。信頼のできる販売店であれば、店員がきちんと身体に合ったシャツを用意してくれるはず。ちなみに柄はストライプのみで、チェックはあくまでカジュアル用と考えておくべきでしょう。

侮るな「1・5センチ」シャツの袖

私のスクールには、お仕事の合間やご出張前にレッスンに寄られるビジネスマンも少なくありません。ですから、受講生さまのスーツ姿を拝見することも多々。「こんにちは。よろしくお願いいたします」と挨拶をしているときに違和感があり、「どこかしっくり来ていない」と思うことがしばしば。「原因は、彼らの袖口だった！」ということがかなりの確率であるのです。

スーツの袖口からワイシャツの袖がこれっぽっちも見えていない方。なんだか大きめのジャケットを買ってもらい着せられた七五三の子のようです！　逆に、スーツからシャツの袖が5センチも6センチも出ている方も。これでは、背が伸びてもうジャケットが小さくなっちゃった育ちざかりの子のように映ってしまいます。

『袖口1・5センチ』というと実に微妙な数字なのですが、シャツの袖が見える分量にもしっかりこだわりを持つオジサマこそ、粋で格好いいなあと思います。

メンズファッション・エディターに聞きました

スーツの袖からシャツを覗かせる

本来スーツは着る人の身体をしっかりと計測して、仕立てられるもの。それゆえ、スーツのサイズが合っていないというのは、既製品を着ているということの証拠となります。世界で初めて既製スーツを生み出したのは、アメリカのブルックスブラザーズでした。同ブランドのサックスーツと呼ばれる、ゆったりとしたシルエットのスーツは、大は小を兼ねるという利便性から生み出されたものでした。予算面から既製スーツを選ぶのであれば、最も体型に近いものを選び、袖口の長さをきちんと直すのがポイントです。

長すぎ、短すぎネクタイは悲しい

次は、ジャケットを脱いだオジサマに違和感を抱き、ガッカリしてしまうお話です。それは、ネクタイの長さ。顔まわりだけが映る鏡しかご覧になっていないオジサマが気づくわけもなく……。

ネクタイの先は、ベルトの幅内におさめてください。それより短くても長くてもお子ちゃまみたいに見えてしまいますのでね！

メンズファッション・エディターに聞きました

適切なネクタイの長さは、剣先がベルトにほんの少しかかるくらい。日本国内で販売されているものは約140センチが主流となっていますが、背の低い方には長すぎてしまいますし、背の高い方には短くて寸足らずになることもありますので、購入時には注意しましょう。また、結び方によっても長さが10センチ以上も変化しますので、普段のネクタイの結び方も考慮すべきでしょう。

悩めるオジサマのビジネスウェア

クールビズやウォームビズの普及、リモートワークなどで、ビジネスウェアの規定を見直す企業も増えてきましたね。スーツ着用が厳格化される職場が少なくなり、清潔感さえあればノータイでも、スニーカー通勤でもいいという企業も増えつつあります。そのため、近年、スーツ以外の装いに対するオジサマのセンスに、大きな格差が生じてしまっています。

オジサマの頭を痛めているのが〝ビジネスカジュアル〟！　スーツとネクタイに頼り切っていたウン十年間のおかげで、カジュアルダウンの装いについて何ひとつ考えてこなかった弊害といったところでしょう。

「ゴルフウェアではまずいよね……」ということはもはや周知されているようですが、「それじゃあ一体何を着ればいいんだ！」と、服装の自由度が高まれば高まるほどお困りの殿方たち。ぜひ男性ファッション誌やＷＥＢで調べることを怠らないでください。「今さら……」なんていう言葉は１００年早い！　また、「僕はセンスないし……」という諦めも単なる言い訳ですよ。クライアント、取引先、上司、同僚に不快感を与えることなく、堂々と会うことができるオジサマは、評価も上がることでしょう。

「シンプル・イズ・ベスト」。２色くらいでまとめてみてはいかがですか。

大切なのは『きちんと見え』です。「あの頃はよかったなあ」と嘆きたいお気持ちは十分お察しできますが、デキるオジサマは、長年お任せしていたスーツに執着せず、未練を残すことなく手放せるはず。さあ今から、『節度ある〝ビジネスカジュアル〟』の着こなしをお勉強してまいりましょう！

第5章

勘違いコミュニケーションが切ないオジサマ

必死に名刺を捜すオジサマ

初対面。名刺入れが見つからないと焦ってしまいますよね。「すいません、ちょっと……あれ？　あれ？（汗）」と口走りながら、あらゆるポケットを探り、ブリーフケースの中を捜し回っているオジサマっていませんか？　私はこのようなオジサマを見るたびに、心の中でため息をついてしまいます。これでは、名刺がないとまともに挨拶もできない、自己紹介すらままならない、情けないオジサマのイメージを与えてしまうからです。

もし名刺入れが数秒見つからなければ、名刺になど頼らず、サッと相手の方に近づいて行き、しっかりと相手の方の目を見て、堂々と「はじめまして。わたくし○○商事の○○でございます」と礼儀正しく挨拶をするのが大人。そして、相手の名刺をありがたく頂戴したあとに、「恐れ入ります、名刺は後ほど」と堂々と伝えられるオジサマのほうが格段に素敵なのではないでしょうか？

ご存じ？　オジサマ特有の名刺交換の所作

ご自分の名刺を相手に差し出すとき、オジサマ方はどうして一旦バウンドさせるのでしょうか？　利き手に自身の名刺を持ち、ポン！　と上下させ、わざわざ相手に示してから「わたくし……」と渡すあの動作。何はともあれスマートではないことは確かです。

ご自分の名刺入れの上からスッと名刺をスライドさせ、相手の取りやすい位置へ差し出す。これが最もスマートな名刺交換の所作だと考えます。

挨拶は目線を合わせて

「ちゃんと顔を見て挨拶しなさい」、「相手の目を見て話しなさい」と、常にご両親や学校の先生から言われて育ってきた今の若い世代に比べて、〝オジサン〟と呼ばれる世代の挨拶マナーはいかがなものでしょう？

人に挨拶されても、ほとんど目線を合わせない。「ん……」と、しかめ面でわずかにうなずくだけ。もしくは、無視。これではオジサマ世代に対する不満が多く聞かれるのも不思議ではありません。マナーの基本中の基本である挨拶が、このようにお粗末では本当にガッカリですね。社交マナーといった観点からも大変失礼であり、不快感、そして、不信感を与えることは言うまでもありません。

オジサマ方にはぜひ若者のよきお手本として、挨拶されたらしっかり目線を合わせて、挨拶を返す。その前に、自分から先に声掛けするなど、「育ちがいい男性」でいてほしいものです。

会話中に気をつけたいアイコンタクト術

このように、挨拶の際はしっかり目を合わせていただきたいのですが、会話に入ってからはその限りではありません。と申しますのは、私が『会話力レッスン』を行っているときに出てくるよくある問題が、『相手の目を見過ぎてしまう』というものだからなのです。

目を逸らすことなく話し続ける、また聞き続けると、相手に圧迫感を与え、非常にストレスを感じさせてしまうもの。オジサマ方にも意外と見受けられ、ご自身ではまったく気づかないパターンがほとんどです。

では、一体どれくらいの割合で見ればいいの？

それは、相手によって異なります。変えていきます。相手の方と同じくらいの割合で、『アイコンタクトを取る』『視線を逸らす』を図ってください。会話相手にとって、それが一番心地よく感じてもらえるからです。

そういった計算を常にしながら、気づかいながら、社交というものを学び大人になっていくものです！

心地よい話のスピード

勘のよい方はもうおわかりですね。そうです。話すスピードも、相手に合わせてあげると心地よく感じていただけるわけです。もちろん、まったく同じ速さでなくて構いません。いつものご自身のスピードをやや相手に近づけてみる、というところから始めてみてくださいね。

そんな昔の武勇伝をドヤ顔で話されても……

部下を前に、無作法なオジサマたちが目立ちます。ビジネス経験豊富なオジサマたちは、「オレが若い頃は……」「僕らはこうやって鍛えられてきた」など、得意満面に語り出すのです。そうなるともうまわりが冷ややかな目で見ているなどとはまったく思いも及ばず、もはや誰にも止められなくなります。まさしく、想像力の欠如でございます。きっと部下と取引先へ営業に向かう際か、その帰りなのでしょう。電車内では決して適さないボリュームの通るお声で、昔々の武勇伝を語り始められたら……。そんな上司を持つ部下のほうがなんとも情けなく恥ずかしくなってしまいますよね。

そのお話。○回目なんですけど……

オジサマ方は自分のやってきたことに揺るぎない自信を持っているので、それをそのまま若い世代に押しつけがち。頭が固く、新しいやり方を受け入れようとはしないため、部下たちにも高圧的に強要してしまう。そして、その類の話は長時間続き、くどい。「あの、それ何度か聞きましたけど？」と嫌味も言われないので何度でも繰り返す。

これは私がリサーチした、オジサマに対するイメージです。今後は、誰に何を何回語ったかを覚えていけば大丈夫ですよ！

本書をお読みのオジサマ、お心当たりあります？　身に覚えなどまったくない？　そうですよね。覚えていらしたら繰り返さないですものね。では、今から十分気をつけてお話しするようになさってください。この意識だけでずいぶん変われるはずです！

話を聞かない。相手にしゃべらせない

会話は双方のコミュニケーションです。オジサマはどうして相手にしゃべらせて差し上げられないのでしょうか？　語っている際、適所で故意に間を空けたり、適宜相手にも質問してみたり、考える時間を与えてみたりできる方のほうが、ずっとデキる男、デキる上司と感じさせ、一目置かれるはずですのに、もったいないことです。

話に割り込まないで！

会議で人の話を最後まで聞かず、「違うんだよ、それはさー」と強引に割り込んでしまうオジサマ。これでは会議や打ち合わせ全体のペースを乱します。また、仕事の報告をしている際にも、まずは結論まで耳を傾けるべきところ途中で持論を語り始めるオジサマ。このように『会話のキャッチボール』ということができない方も目立ちます。

だからこそ、話をじっくり聞いてくれる数少ない上司が、多くの部下たちから高評価を得ているのです。ですから、本書を読まれたあなた、『話を聞いてくれるいい上司』となるチャンスです！　今日から「ガマンガマン」で最後まで聞いてみてください。

おやじギャグはいけないと知りつつ……

こちらもオジサマはどうしても我慢できないようです。会話中、どうでもよいギャグをちょいちょい入れてきます。部下たちは一応笑ってはくれています。義理でね。私たちの本心はどうしても伝わらないでしょうか？　「今日もギャグを連発してみんなを和ませ、笑わせてやるぞ！」と勘違いなさっているオジサマ、全力で反対いたします。一度我慢をなさってみてください。オジサマの思いに反して、コミュニケーションがうまくいくことをぜひ実感していただきたいものです。

オジサマも進化して！

「私はずっとこれでやってきたんだ」「こうやって地位と信頼を確立してきた」「誰も私を否定できない」なんて思っているオジサマ、それを公言してしまっているオジサマ。これは進化の邪魔になります。

ファッション、言葉遣い、マナー、ルールはもちろん、ビジネスの進め方やツールは日に日に変わっています。特に昨今の変化は著しいものがあります。もしあなたが、「あの年代になるとさあ、頭が固まって新しいコト、モノを受け入れなくなるよねー」と言われているとしたら……。なんて切ないことでしょう。過去にしがみつくことなく、スッと手放してみませんか？

だって誰からも指摘されないし

新人研修を受けたのなんていにしえのお話。正しいのだか間違っているのだか、勘違いなのかわからない上司の見様見真似で、ウン十年続けてきた名刺交換、お辞儀、電話応対、書類の受け渡し、案内・誘導、お見送り、敬語、社交会話、そして接待時のテーブルマナーに至るまでの所作と会話。本当に正解だったのでしょうか⁉

年齢が上がるほど、役職が上がるほど、どなたからもマナー違反を指摘してもらえなく、注意もしてもらえなくなります。このことは、「私は間違っていない。これが正しい」と勘違いを起こさせてしまう十分な理由でしょう。聞く耳を持つ寛容さこそ大人の器です。

『気づいたもん勝ち』

　このような長い長い年月を経て、今やっと疑問に思い始めたオジサマ世代の方々が、「今さらなんですが……」と思い切って私のスクールを訪れてくださいます。「素晴らしいです。よくぞ気づかれましたね。これで他の同年代の方に差をつけられますよ！」とお伝えし、『今さら聞けないビジネスマナー』やら、『知らないと恥ずかしい勘違い敬語』、『一目置かれるスマートな振る舞い』などのレッスンに入ります。すると、ほぼ全員の方の口から出るのは、「いや〜、何十年も恥をかいてたと思うとゾッとします」「もっと早く来ればよかった」という言葉。いくつになってもやり直しはできるものでございます。『気づいたもん勝ち』なのです！

「今の若いもんは言葉遣いを知らない」の真偽

どうやら年長者は敬語を使う必要がないと思い込んでいるようです。また、見直しをせずに日々あたりまえに使っていた「勘違い敬語」の結末というところでしょうか。「二重敬語」をはじめとした決してスマートには聞こえない言葉遣いや、尊敬語と謙譲語が入り交じった、本来あり得ない、そして相手に大変失礼な自己流の「混合敬語」を恥ずかしげもなく使ってしまっているのです。

若者だけじゃない勘違い敬語

実は、私のレッスンでちょっとした敬語テストをしていただいた結果でも、オジサマの敬語力の乏しさは如実に表れているのです。オジサマ年齢の方より、新人研修を受けて間もない若者たちのほうが、明らかに正解率が高いのですから！

「日本語が乱れている」とは、若年層だけに当てはまることではありません。「若者コトバ」「バイト語」「ら抜き言葉」など、若い方たちに呆れたり、嘆いたり、お小言をおっしゃっているオジサマこそ、言葉遣いが乱れていると感じています。

「お召し上がりになられました」など二重敬語や三重敬語に始まり、「拝見された」といった尊敬語と謙譲語がミックスされたおかしな言葉遣いや、それこそ若者と同じように「全然大丈夫」等々……、オジサマ自身が使っているではありませんか！

部下が使っていたら注意なさるべきお立場。ぜひ、いま一度、敬語の復習をなさっておいてくださいませ。

よく聞く、ありがちな敬語の間違いを挙げてみます。

わが社

外部に使ってしまうと、尊大なイメージに聞こえます。また、どこか古い印象が。「弊社」「当社」、そして「私ども」が一般的です。場面により使い分けてください。

お世話様です

「お世話様です」と「様」がついてはいるもののラフで親し過ぎる印象を与えてしまうので、目上の方には不適切。日本語として必ずしも間違っているということではありませんが、やや失礼に感じられる方も。「いつもお世話になっております」が適当でしょう。

ご苦労様です

一般的に「ご苦労」は目上にはNGとされ、「お疲れ様」に言い換えるよう周知されていますが、本来、目上の方を労うこと自体が失礼にあたります。ただし、現在は広く使われているため、「お疲れ様」は許容範囲と捉えても。

ご一緒します

「ご一緒」という言葉は、対等な関係で用いる表現となります。お客様や目上の方から「一緒に行きましょう」と言われた場合は、「はい、お供させていただきます」という言葉のほうが適切でしょう。

参考になりました

よく使われる言葉ですが、「参考」とは、「自分の知識や考えの足しにする」という意味になりますのでNG。お客様や目上の人に対しては「大変勉強になりました」が正解です。

お分かりいただけましたか？

こちらも対等なイメージを与えてしまうので、目上の方には不適切です。「ご理解いただけましたでしょうか？」が適しています。

また、二重敬語も多く聞かれます。二重敬語は気持ちがこもっている分、大きなマナー違反とまでは言えませんが、「敬語を知らない人」という印象を与えてしまいますので要注意。正しい敬語は、大人として、社会人として当然の〝たしなみ〟です。ぜひ確認してみてください。

×ご覧になられました。
○ご覧になりました。

×おっしゃられる。
○おっしゃる。

×お召し上がりになられました。
○召し上がりました。
×なさられました。

◯なさいました。

会長、社長、部長、課長

これら役職は「敬称」であり、敬う意味が含まれています。ですから、さらに「様」をつけ「会長様」「社長様」になさるのも二重敬語となり不正解。「関係者各位様」も誤りです。

クッション言葉をご存じ?

会話の中で、上手にクッション言葉を入れていますか? クッション言葉とはその名の通り、何か言いにくいことを伝える際や、お断りするときに、柔らかく聞こえさせてくれるマジックフレーズです。

「恐れ入りますが」「申し訳ございませんが」の定番はできているとしても、大人の男としてぜひクッション言葉のバリエーションを増やしていただきたいもの。

「もしご迷惑でなければ」「ご意向に添えず」「心苦しいのですが」「差し支えなければ」など、会話のたびにいろいろなクッション言葉を使いこなせるオジサマには大人の魅力を感じます。

それ、読みにくいですから

長い間、手書きのビジネス文書を書いてきたオジサマは、メールであってもそのときのマナーをしっかり守り、引きずってしまいます。手紙と同じように、各段落ごとの初めの一文字分をブランクにして書かれたものを、私もしばしばいただきますが、メールではこれがかえって読みづらい結果になるのです。メールはすべて左寄せに！

名前をそんなにずらすなんて

さらに、メールの最後の署名も左寄せにせず、わざわざ20〜40文字くらい右側の位置に記載なさるオジサマも。相手のスマホやパソコンの環境によっては、果てしなく右に記されたオジサマのお名前が、途中から次の行にずれてしまい、非常にまとまりのないおかしなメールを読ませられることも少なくありません。

しかし、「これが手紙の礼儀だ」と信じているオジサマに対して、文句や注意を言う方はまずいらっしゃらないでしょう。ですから、ここで切り替えることができる方こそ変化の波に乗っていけるオジサマになれるのです。

第6章

街で見かけるNGオジサマ

順番を守ること教わりませんでした？

デパートやショッピングモールといった商業施設やオフィスビルなどで、我先にとエレベーターに乗り込むオジサマには本当にガッカリです。レディファーストはおろか、順番すら守れないのかと情けなくなってしまいます。

ある百貨店のエレベーターホールでオジサマを観察するのにもってこいの場面がありました！　私より前に待っていらした外国人男性。そして、私より後からいらした日本人オジサマが一堂に会したのです。エレベーターが到着するやいなや、外国人男性は当然レディファーストということでサッと「一歩引かれて私をさり気な〜く先に乗るようご誘導くださいました。そこへ、レディファーストも順番も知ったこっちゃない、まったくおかまいなしの日本人オジサマが案の定一番にエレベーターに乗り込んだのでした。

西洋社会では子どものころから、レディファーストを教え込まれるので当然なのですが、こうしたマナーが日本でも普及している昨今、意識を切り替える必要がありそうです。

異国の男性に拍手

以前、都営バスに乗っていた際の出来事です。私はバス中央付近の座席に座っておりました。途中のバス停に停まったとき、一番うしろのお席に座られていたどちらかのお国の長身の男性が、タッタッタッタッとかなりの早足でバス前方に向かって行く音が聞こえました。「あら、何事かしら?」と目を向けると、その男性は前のドアから降りられたのです。そのとき後ろのドアは閉まっていたので、「バスのシステムがおわかりにならず、前のドアから降りたのかな?」と思っていましたら……。

次の瞬間、ベビーカーを軽々と持ち上げバスに乗せ、何事もなかったかのようなお顔でまた後部座席にもどって行かれたのです! そのバス停から乗られる赤ちゃん連れのお母さんに鋭く気づき、自然にからだが動かれたのでしょう。私は思わず拍手を贈りたくなりました。と同時に、そのバス停から乗られて来た男性たちには大いに反省をしていただきたい思いでいっぱいに。

こういうことがナチュラルにできるのがスマートであり、粋であり、品性なのです。

ぶつかってくるのはやめて

さて、歩行中でもマナー違反はあります。駅などの通路でぶつかっても、靴を踏んでも、とっさに謝れない方の多くはオジサマ。「えっ何が起こったの⁉」とあっけにとられてオジサマを見ると、まったく何事もなかったようにさっさと行ってしまう。その姿には驚き、呆れてしまいます。

これに対して、若い学生の男の子やビジネスマンの方の多くは「あ、すみません」とすぐに素直に謝ってくれます。「人はこうじゃなきゃいけないわよねー」としみじみ思う、よくある出来事でございます。

反射神経の問題？

ぶつかっても謝らない、という前の段階での疑問なのですが、「このままでは必ずぶつかりますよ」という場面でも、オジサマたちは絶対によけないような気がするのです。「邪魔だ」と言わんばかりに直進してくるイメージに受け取れますが、本心はいかに？

押さえてくれないドア

百貨店やビルなどの重いドアを開けて入るとき、後ろから来る人を気づかえずに、自分が入れる隙間分だけ開けたら、サッと手を放してしまうオジサマも多し。閉まりかけているドアをまた開けるのは余計に力が要るのです。ちょっとだけ後ろを振り返り、つづいて入られる人がいたら1~2秒だけ押さえる、いとも簡単な心づかいと行為だと思うのですが……。海外ではあたりまえのマナーとして子どものときから躾けられるので、旅行先ではほとんど感じないこのストレス。日本でも最近は後ろの人のためにドアを押さえておく、というこのマナーが一般的になっていています。ぜひ、覚えておいて実践していただきたいと思います。

乗り物で自宅の振る舞い？

先日お聞きした実話です。新幹線で靴を脱いでいた隣のオジサマに「臭いので靴脱がないでください」と言い放った若い女性がいたそう。自宅ならともかく、外出先では、自分が思うより、まわりに迷惑をかけていることを意識しましょう。

どうして女性側によりかかるのか

電車で眠り込んでいるオジサマって、なぜだか必ず女性側に寄り掛かっています。本能だとしても、眠っているからわからないと言われても、女性にとっては苦痛ですのでそこはお心遣いいただきたいところです。

雨の日の迷惑オジサマ

雨の日の電車内で傘の柄を腕にかけ、携帯や本や新聞に集中しているオジサマは、傘の先端がどこを向いているか考えたことがあるでしょうか。傘の柄を腕の内側から掛けてしまうと、水がしたたり落ちる先端は自分以外の方向を向いてしまうのです。そして、それが女性のストッキングに当たってしまったら、すぐに破れてしまうのです。

傘の柄はぜひ腕の外側から掛けていただき、先端がご自分の足に向くように気づかっていただけますでしょうか。

マタニティマークは知ること、そして探すこと

優先席に座っているにもかかわらず、妊婦さんが乗ってきてもまったく知らん顔のオジサマたち。マタニティマークというものをご存じでしょうか。「知らなかった」「気がつかなかった」では済まず、こういった知識が乏しいことは罪です。いつでも弱者を認識できる余裕を持ち、譲れる、お手伝いができる心持ちの男性であってほしいと思います。

まだやってます？

駅のホームでは、相変わらず傘やエアークラブでゴルフのスイングをしている、化石のようなオジサマもいるとかいないとか。若い男性や女性たちがやっているでしょうか？

こういった『スイングしたい』という衝動を抑えられないのもオジサマの特徴なのでしょう。気分がいいのは自分だけ、まわりからは「カッコ悪い」「恥ずかしい人」と思われていることにいい加減気づきましょう。

羞恥心を持ち合わせないオジサマ

女性たちから徹底的に軽蔑されてしまうのは、羞恥心のないオジサマ。スポーツ新聞の下品な記事や写真を平気で見ている人。女性が隣にいても読み続ける無神経さには呆れてしまいます。家に帰って、ご家族の前でも同じことができるのでしょうか？

オジサマの声はよく通る

電車で携帯の呼び出し音が響くのはだいたいオジサマ（ここではご高齢者のお話は省きましょう）。マナーモードというものはどういうときのためにあるのでしょうか。さらにはその電話に平気で出てしまうのにも驚きます。車両中の注目を浴びているにもかかわらず、「どーも、お世話になっております」と大声で話し出す無神経さ。電車やバスの中での通話は日本ではマナー違反なのです。

若者をお手本にしてみません？

一方、お若い方々は、携帯の着信音に関しての周囲の空気感や他人のまなざしに非常に敏感。固定電話、黒電話の時代を経験していない世代の人たちは、携帯の履歴に着信があったら折り返す、という考えが普通なので、電車に限らず、携帯電話は常にマナーモードに設定している人も多いようです。おかけした側も、相手が出なければ出ないで、「今、電車かな？」「打ち合わせ中かも？」「折り返してくれるはず」と考えるのが今どき。

『呼び出し音3回以内に出ないと会社の恥！』という、何十年か前に受けた新人研修。そのときから変わらない「固定電話の応対マナー」についてのポリシーをお持ちのオジサマ方も、ある意味見習いたい部分でありますね。そういう私も、新人研修を担当していた頃には、幼な気な新人くんたちにそのキャッチフレーズを叩き込んでいた講師のひとりでございますが。

勘弁して、咳とくしゃみ

私が主催している幼稚園と小学校のお受験に向けた「親子・お受験作法教室」では、2才のお子さんからしっかりと教えています。「○○くん、お咳とくしゃみをするときは、必ず手でお口を押さえてね」と。オジサマたちだって、ご自身のお子さんや親せきの子、お孫さんにそうお伝えしているのではないでしょうか？

電車やバスなど公共の乗り物や施設を始め、レストランなど飲食をするスペースにおいてでさえ、手もハンカチもナプキンも一切口に当てず、思い切り咳やくしゃみをする人たちがいます。そう、その多くがオジサマ。特に電車などで座席に座っている方の頭上からウイルスをまき散らすような行為は、大きなマナー違反です。

あくびも抑えめに

咳とくしゃみだけではありません。周囲に直接被害がかからないとしても、オジサマのあくびも見たくないもののひとつなのでございますから、手などでぜひ覆い隠してください。また、見た目の問題だけではありません。「ふぁ〜〜〜〜ぁぁ」のお声も私たちは聞きたくはないのです。

オトナの雑談力を持ちましょう

マナー違反のオジサマのお話ベスト5

1―自慢話

「それ、自分で言っちゃあだめでしょう」と思うことありますよね。仕事の功績や武勇伝は、ご自身が口にしないからこそ粋であり、更に評価がアップするものなのに、なんてもったいないことなのでしょう。『美学』というものを改めて考えてみてください。意外なほど好感度、印象、評価が上がるはずです。

2―昔を引きずる話

特に、オジサマとは若い頃の成功体験をずっと引きずりがち。「へえ、すごいですねー」

「さすが部長、昔から人とはやることが違いますよね」など、とてもうれしいほめ言葉がお聞きになれるからでしょうか。ビジネスやファッションと同じように、雑談であっても時代に合わせてアップデートすることって大事なのです。

3 ─ 苦労話

さて、こちらも昔を引きずる傾向にありますね。「今のやつらはいいよなー。僕たちの時代はさあ……」と始まってしまいます。「へえ〜、大変だったんですね〜」と同情してもらいたいのか、「まあ！　そんな中で地位を築いてこられた○○さんはスゴイですね」と褒めてほしいのか。こちらも今ではNG雑談のひとつになります。

4 ─ ダジャレ（おやじギャグ）

本当におもしろいものだけにし、かなりの自信作以外はガマン。

5 病気話

年齢が高くなるにつれて必ず出てくるのが、身体の不調の話や人間ドックなどの検査、健康診断のお話でしょう。「○○値が高くてさあ」と言われても「はあ、お大事になさってくださいね」としか言えません。

これがさらにエスカレートしてくると『病気自慢』という形になります。ぜひ、ほかの話題で雑談力を磨きましょう。

さて、以上『マナー違反の雑談テーマ』ランキングです。私のスクールの生徒さんにリサーチした結果をお伝えしています。ですから、相手と場所によりご自身で賢く判断なさるようにしてください。オジサマに足りないとされている俯瞰力を養うトレーニングにもなるのでは？

逆に話題がないオジサマ

「話題づくりが苦手で……」とおっしゃる方が実に多くスクールを訪れています。ムスッと黙ったままのオジサマを卒業したいのだそう。

そんなオジサマ方に私がお伝えしているのは「大人として、社交として、話題は自分で準備していくことがマナー」ということ。商談の日や、接待、パーティに出席することが決まったら、『話題を10個』は用意して向かってください！　と申し上げています。「口下手で……」「苦手だから」と思っていたら、10の話題を探しましょう。読んだ本や趣味、トレンド、ニュースなどいろいろあるはずです。

守りましょう。NGな社交話題

政治、宗教、個人情報に関わることはタブーとされているという基本はよく知られているでしょう。相手の年齢、ご家族構成、お住まいの場所、収入にまつわる話題は十分な配慮が必要です。

「最寄り駅は?」「結婚してるの?」「何年生まれ?」等々、セクハラになってしまうこともある昨今。注意しましょう。

熟年離婚⁉

「奥さんよく我慢しているわよね」「ご家族はどう思っているのかしら」など、オジサマの数々のマナー違反、非礼は、ご家庭内においての評価までも想像させてしまいます。実際、「食べ方が汚くて耐えられません！」「身勝手な振る舞いをする夫に見切りをつけたい」「だらしない姿にゾッとする」など、嫌悪感を抱く奥様たちのお話は絶えません。

一事が万事です。オフィスだけではありません。公共のスペースだけでもありません。

「私、前からずっと思ってたんだけど……」と、ある日突然、奥様から寝耳に水の言葉が降りかかってこぬよう、ご家庭での振る舞いも見つめ直してみませんか。

特に、食事の振る舞い、癖、マナーに対しての不満により、長年ウンザリが続き、見切りをつけられるオジサマの悲しいお話は、私の職業柄幾度も耳にしていますのでとても案じているのです。

著者略歴

諏内えみ（すない・えみ）

「マナースクールライビウム」「親子・お受験作法教室」代表。皇室や政財界を始めとするVIPアテンダント指導などを経て、スクールを設立。本物の振る舞いや会話、上質なマナーの指導を行う。一部上場企業トップ陣や政治家へのマスコミ対応のメディアトレーニングを始め、人気映画・ドラマでの俳優のスマート所作指導にも定評がある。「女性向けオーダーメイド講座」「男性向けオーダーメイド講座」などプライベートレッスンの他、「また会いたいと思わせる会話力アップ」、「和・洋テーブルマナー」講座などを展開。近年は世界中どこからでも受講できるオンライン講座も人気。テレビ・雑誌やYouTube「諏内えみチャンネル」などメディアで幅広く活躍中。

SB新書　547

知《し》らないと損《そん》をする男《おとこ》の礼《れい》儀《ぎ》作《さ》法《ほう》

2021年 6月15日　初版第1刷発行

著　　者　諏内《すない》えみ

発 行 者　小川 淳

発 行 所　SBクリエイティブ株式会社
〒106-0032　東京都港区六本木2-4-5
電話：03-5549-1201（営業部）

装　　幀　長坂勇司（nagasaka design）

本文デザイン　倉橋 弘（マツダオフィス）

編集協力　川瀬拓郎

印刷・製本　大日本印刷株式会社

本書をお読みになったご意見・ご感想を下記URL、
または左記QRコードよりお寄せください。

https://isbn2.sbcr.jp/08972/

落丁本、乱丁本は小社営業部にてお取り替えいたします。定価はカバーに記載されております。本書の内容に関するご質問等は、小社学芸書籍編集部まで必ず書面にてご連絡いただきますようお願いいたします。

ISBN 978-4-8156-0897-2